"十四五"职业教育国家规划教材

汽车发动机拆装实训

第4版

主　编　孙　丽　刘新宇
副主编　尉　玮　王　宇　刘宏峰
参　编　付丽平　薛远水　武敬峰　柳项东

机械工业出版社

本书是"十四五"职业教育国家规划教材，分为 8 个项目 21 个任务，主要内容包括常用汽车维修工、量具的使用及安全准则，曲柄连杆机构的拆装及检测，配气机构的拆装及调整，燃油供给系统的拆装与调试，润滑系统与冷却系统的拆装，点火系统与起动机的拆装与调整，发动机总成的拆装和新能源汽车发动机系统认知。

本书图文并茂，通俗易懂，能够使读者在较短的时间内对发动机的各个系统有较为全面的了解；书中配有大量相关视频制成的二维码链接，可帮助读者自主学习，有效提高学习效果。

本书可作为高等职业教育汽车类专业的教材，也可作为继续教育、机构培训的教材以及相关专业技术人员的参考书。

本书配有电子课件，凡使用本书作为教材的教师均可登录机械工业出版社教育服务网（www.cmpedu.com）注册后免费下载。咨询电话：010-88379375。

图书在版编目（CIP）数据

汽车发动机拆装实训 / 孙丽，刘新宇主编. -- 4版. -- 北京：机械工业出版社，2025.6. -- （"十四五"职业教育国家规划教材）. -- ISBN 978-7-111-78645-0

I. U464.06

中国国家版本馆CIP数据核字第2025E6X700号

机械工业出版社（北京市百万庄大街22号 邮政编码100037）
策划编辑：张双国　　　　　责任编辑：张双国
责任校对：贾海霞　薄萌钰　封面设计：严娅萍
责任印制：单爱军
北京盛通数码印刷有限公司印刷
2025年8月第4版第1次印刷
184mm×260mm・11印张・268千字
标准书号：ISBN 978-7-111-78645-0
定价：49.00元

电话服务　　　　　　　　　网络服务
客服电话：010-88361066　　机　工　官　网：www.cmpbook.com
　　　　　010-88379833　　机　工　官　博：weibo.com/cmp1952
　　　　　010-68326294　　金　书　网：www.golden-book.com
封底无防伪标均为盗版　　机工教育服务网：www.cmpedu.com

关于"十四五"职业教育
国家规划教材的出版说明

为贯彻落实《中共中央关于认真学习宣传贯彻党的二十大精神的决定》《习近平新时代中国特色社会主义思想进课程教材指南》《职业院校教材管理办法》等文件精神，机械工业出版社与教材编写团队一道，认真执行思政内容进教材、进课堂、进头脑要求，尊重教育规律，遵循学科特点，对教材内容进行了更新，着力落实以下要求：

1. 提升教材铸魂育人功能，培育、践行社会主义核心价值观，教育引导学生树立共产主义远大理想和中国特色社会主义共同理想，坚定"四个自信"，厚植爱国主义情怀，把爱国情、强国志、报国行自觉融入建设社会主义现代化强国、实现中华民族伟大复兴的奋斗之中。同时，弘扬中华优秀传统文化，深入开展宪法法治教育。

2. 注重科学思维方法训练和科学伦理教育，培养学生探索未知、追求真理、勇攀科学高峰的责任感和使命感；强化学生工程伦理教育，培养学生精益求精的大国工匠精神，激发学生科技报国的家国情怀和使命担当。加快构建中国特色哲学社会科学学科体系、学术体系、话语体系。帮助学生了解相关专业和行业领域的国家战略、法律法规和相关政策，引导学生深入社会实践、关注现实问题，培育学生经世济民、诚信服务、德法兼修的职业素养。

3. 教育引导学生深刻理解并自觉实践各行业的职业精神、职业规范，增强职业责任感，培养遵纪守法、爱岗敬业、无私奉献、诚实守信、公道办事、开拓创新的职业品格和行为习惯。

在此基础上，及时更新教材知识内容，体现产业发展的新技术、新工艺、新规范、新标准。加强教材数字化建设，丰富配套资源，形成可听、可视、可练、可互动的融媒体教材。

教材建设需要各方的共同努力，也欢迎相关教材使用院校的师生及时反馈意见和建议，我们将认真组织力量进行研究，在后续重印及再版时吸纳改进，不断推动高质量教材出版。

机械工业出版社

前 言

党的二十大报告指出，教育、科技、人才是全面建设社会主义现代化国家的基础性、战略性支撑。职业教育是国民教育体系和人力资源开发的重要组成部分，是培养多样化人才、传承技术技能、促进就业创业的重要途径。

本书根据《国家职业教育改革实施方案》《关于职业院校专业人才培养方案制订与实施工作的指导意见》《关于推动现代职业教育高质量发展的意见》等文件精神，对相关院校和汽车4S店等汽车维修行业进行了调研，在充分调研论证的基础上，对本书第3版进行了全面修订。

本次修订将习近平新时代中国特色社会主义思想，科技强国、人才强国目标，工匠精神、职业道德、职业素养等元素融入书中的知识、技能训练中；同时，立足党的二十大报告"培育创新文化，弘扬科学家精神，涵养优良学风，营造创新氛围"的要求，用大国工匠的故事、国产汽车的发展将价值理念和精神追求等融入书中，潜移默化地对读者的思想意识产生积极的影响。

本书由孙丽、刘新宇任主编，尉玮、王宇、刘宏峰任副主编，付丽平、薛远水、武敬峰、柳项东参与编写。其中，总论和任务一由刘新宇编写，任务二由尉玮编写，任务三至任务八由刘宏峰编写，任务九由付丽平编写，任务十至任务十三由王宇编写，任务十四由薛远水和武敬峰编写，任务十五由柳项东（烟台衡德汽车销售服务有限公司）编写，其余任务由孙丽编写。王宇和刘宏峰完成本书视频的录制和剪辑。

在本书编写过程中，院校、企业通力合作，为本书编写工作的完成提供了有力保障；同时，参考了国内外相关的资料，在此对相关企业和资料作者表示衷心的感谢。

由于编者水平有限，书中难免存在疏漏和错误之处，希望广大读者予以批评指正。

编 者

二维码索引

名称	二维码	页码	名称	二维码	页码
内径百分表的组装		23	气缸内径的测量		37
内径百分表的校正		23	活塞直径的测量		38
气缸盖螺栓的拆卸顺序		31	活塞环端隙的检测		46
气缸盖平面度的检查		31	活塞环侧隙的检测		46
活塞连杆组的拆卸		37	活塞组合油环的安装		47
活塞环的拆卸		37	气环的安装		48

（续）

名称	二维码	页码	名称	二维码	页码
凸轮升程的检测		63	节气门位置传感器的检测（电阻）		77
凸轮轴轴颈的检测		63	发动机润滑油的加注方法		112
L型空气供给系统的组成		75	机油液位的检查		112
D型空气供给系统的组成		75	起动机的解体		140
进气压力传感器的检测（模拟）		75	起动机电枢绕组的检查		142
燃油供给系统的组成		76	起动机励磁绕组的检查		142
节气门位置传感器的检测（电压）		77	发动机的组成		149

目 录

前　言
二维码索引
总论 ··· 1

项目一　常用汽车维修工、量具的使用及安全准则 ································· **4**
　　任务一　认知实训场地与5S管理 ·· 4
　　任务二　认知常用的汽车拆装工具 ·· 10
　　任务三　认知常用的汽车拆装量具 ·· 18

项目二　曲柄连杆机构的拆装及检测 ··· **28**
　　任务四　拆装及检测机体组 ·· 28
　　任务五　拆装及检测活塞连杆组（一） ·· 36
　　任务六　拆装及检测活塞连杆组（二） ·· 42
　　任务七　拆装及检测曲轴飞轮组 ··· 52

项目三　配气机构的拆装及调整 ··· **59**
　　任务八　拆装及装配配气机构 ··· 59
　　任务九　调整气门间隙 ··· 68

项目四　燃油供给系统的拆装与调试 ··· **73**
　　任务十　认知电控汽油机总体结构 ·· 73
　　任务十一　拆装及检测汽油机喷油器 ·· 80
　　任务十二　拆装汽油机燃油供给系统元件及检测油压 ······················· 88
　　任务十三　拆装及校验柴油机喷油器 ·· 94
　　任务十四　拆装与调试柴油机喷油泵 ·· 99

项目五　润滑系统与冷却系统的拆装 ··· **107**
　　任务十五　拆装与调整润滑系统 ··· 107
　　任务十六　拆装与调整冷却系统 ··· 115

项目六　点火系统与起动机的拆装与调整 ·· **122**
　　任务十七　拆装与调整电子点火系统 ·· 122
　　任务十八　拆装及检测微机控制点火系统 ··· 133
　　任务十九　拆装与检修起动机 ··· 139

项目七　发动机总成的拆装 ··· 148
　　任务二十　拆装发动机总成 ·· 148
项目八　新能源汽车发动机系统认知 ··· 155
　　任务二十一　认知新能源汽车发动机系统 ·· 155
参考文献 ·· 166

总 论

一、实训目的与要求

1. 实训目的

汽车发动机拆装实训是汽车专业的一个重要教学实践性环节。通过校内部分实训，使学生巩固汽车构造知识，了解汽车总成的拆装要领，掌握主要的调整方法，提高学生的动手能力。

2. 实训要求及注意事项

学生应认真阅读实训教程，了解实训的目的、内容、安排及要求，并在实训过程中认真执行。实训要求：

1）实训结束时，完成一份实训报告。实训报告应实事求是地反映实训过程中的体会和建议，字迹清楚，并按要求上交。

2）严格按照实训计划分组进行，人员按编组固定，不得私自调换。实训前完成报告中的预习部分，实训后完成实训报告并交给指导教师。

二、汽车零部件拆卸与装配的基本知识

汽车的技术状况与拆装的质量有很大的关系。若装配不良，往往使零件与零件之间不能保持正确的位置及配合关系；若拆卸不当，会造成零件不应有的缺陷，甚至损坏。这样，不仅浪费维修工时，而且直接影响修理的质量、成本以及汽车的使用寿命。

（一）拆卸与装配应遵循的原则及注意事项

拆卸的目的是检查和修理汽车的零部件，以便对需要维护的汽车总成进行维护，或对有缺陷的零件进行修复或更换，使配合关系失常的零件经过维修调整达到规定的技术标准。

1. 拆卸应遵循的原则

（1）掌握汽车的构造及工作原理 若不了解汽车的结构和特点，拆卸时不按规定操作，而任意拆卸、敲击或撬动，均会造成零件的变形或损坏。因此，必须了解汽车的构造和工作原理，这是确保正确拆卸的前提。

（2）按需要进行拆卸 零部件经过拆卸后容易产生变形和损坏，特别是过盈配合件更是如此。不必要的拆卸不仅会降低汽车的使用寿命，而且会增加修理成本、延长修理工期。因此，应防止盲目地大拆大卸。不拆卸检查就可以判定零件的技术状况时，应尽量不予以拆卸，以免损坏零件。

(3) 掌握正确的拆卸方法

1）使用相应的工具和设备。为提高拆卸工效、减少零部件的损伤和变形，应使用相应的专用工具和设备，严禁任意敲击和撬动。如在拆卸过盈配合件时，尽量使用压力机和顶拔器；拆卸螺栓联接件时，要选用适当的工具，依螺栓紧固力矩的大小优先选用套筒扳手、梅花扳手和呆扳手，尽量避免使用活扳手和钳子，防止损坏螺母和螺栓的六角边棱，给下次的拆卸带来麻烦。另外，应充分利用汽车大修配备的专用拆卸工具。

2）由表及里按顺序逐级拆卸。一般先拆车厢、外部线路、管路、附件等，然后按机器—总成—部件—组合件—零件的顺序进行拆卸。

(4) 考虑装配过程，做好装配准备工作

1）拆卸时要注意检查、校对装配标记。为了保证一些组合件的装配关系，在拆卸时应对原有的记号加以校对和辨认，没有记号或标记不清的组合件应重新检查并做好标记。有的组合件是分组选配的配合副，或是在装合后加工的不可互换的合件，如轴承盖、连杆盖等，它们都是与相应合件一起加工的，均为不可互换的组件，必须做好装配标记，否则会破坏它们的装配关系甚至动平衡。

2）按分类、顺序摆放零件。为了便于清洗、检查和装配，零件应按不同的要求分类、顺序摆放。零件胡乱地堆放在一起，不仅容易相互撞损，而且会在装配时造成错装或找不到零件的麻烦。为此，应按零件的大小和精度归类存放，同一总成、部件的零件应集中在一起放置，不可互换的零件应成对放置，易变形、丢失的零件应专门放置。

2. 拆卸和装配的注意事项

1）当需要顶起汽车的前端或后端时，应在车轮处正确地安放楔块。当顶起汽车时，举升器的垫座或千斤顶的支点要对准车体上的安全支撑点。

2）在进行任何电气系统拆装、发动机的移动作业之前，都要先断开蓄电池负极连接。

3）每次拆卸零件时，应观察零件的装配状况，检查是否有变形、损坏、磨损或划痕等现象，为修理提供依据。

4）对于结构复杂的组件和总成以及初次拆卸的零件，要在适当的非工作面上做上记号，以便组装时将其安装到原来的位置。

5）对有较高配合要求的零件，如主轴承盖、连杆轴承盖、气门、柴油机的高压油泵柱塞等，必须做好记号。组装时，按记号装回原位，不能互换。

6）零件装配时，必须符合原车的技术要求，包括规定的间隙、紧固力矩等。

7）组装时，必须做好清洁工作，尤其是重要的配合表面、油道等，要用压缩空气吹净。

8）为了提高工作效率和保证精度质量，要尽可能地使用专用维修工具。操作时，禁止吸烟，并远离火源。

（二）常见联接件的拆卸

汽车上零部件之间的连接形式有多种，主要有螺纹联接、过盈配合联接、键联结、铆钉连接、焊接、粘接、卡扣联接等。这里主要介绍应用非常广泛的螺纹联接、过盈配合联接和卡扣联接的拆卸与装配。

1. 螺纹联接的拆装

在拆装作业中，遇到最多的是螺纹联接，占全部联接件的 50%~60%。螺纹有圆柱螺纹和锥螺纹，按牙形可分为三角形、矩形、梯形等形状的螺纹。汽车上主要用三角形右旋螺纹。螺纹的规格和各种尺寸均已标准化，有米制和英制之分，我国采用米制，国际上有的采用米制，有的采用英制。

螺纹按照螺距有粗牙和细牙之分，一般情况下均使用粗牙螺纹。在相同的公称直径下，细牙螺纹的螺距小、牙细、内径和中径较大、升角较小，因而自锁效果好，常用于受强度影响较大的零件（如缸体、制动盘等）以及有振动或变载荷的联接、微调装置等。由于汽车在工作时有较大的振动，对强度要求很高，故细牙螺纹在汽车上应用得较广泛。

螺纹联接的零件有螺栓、螺钉、紧固螺钉、螺母、垫圈及防松零件（如开口销、止动垫片等）等。联接的主要类型有螺栓联接、双头螺柱联接、螺钉联接和紧固螺钉联接等。

拆装螺纹联接使用的工具有手动型和机动型两类。手动工具主要有固定扳手（梅花）、活扳手、套筒扳手、螺钉旋具等。拆装工具的选用，应根据螺母、螺栓的尺寸，拧紧力矩及所在部位的回转空间等具体条件来选择。一般情况下，为了避免损坏螺栓、螺母的棱角，缩短作业时间，减轻劳动强度，能用呆扳手时不用活扳手，能用梅花扳手时不用呆扳手，能用套筒扳手时不用呆扳手。机动扳手按动力源分有电动式、气动式和液压式3种类型。

2. 螺纹联接件拆装的技术要领及注意事项

1）用扳手拆装螺栓（母）时，扳手的开口尺寸必须适合螺栓头部或螺母的六方尺寸，不得过松。旋转时，扳手开口与六方表面应尽量靠合。操作空间允许时，要用一只手握住扳手开口处，避免扳手因用力过大而脱出。使用螺钉旋具拆装开槽螺钉时，开口与槽口的尺寸必须合适。无论拧紧还是旋松螺钉，均要用力将螺钉旋具顶住螺钉，避免损坏螺钉槽口，造成拆装困难。

2）在向螺栓上拧紧螺母或向螺孔内拧螺栓（钉）时，一般先用手旋进一定距离，这样既可感觉螺纹配合是否合适，又可提高工作效率。在旋进螺母（栓）两圈后，如果感觉阻力很大，则应拆下检查原因：有的是因螺纹生锈或夹有铁屑等杂物造成的，清洗后涂少许机油即可解决；有的是因螺纹乱牙造成的，可用板牙或丝锥修整一下；有的是因粗、细螺纹不相配造成的，应重新选配。

3）在螺纹联接件中，垫圈的作用非常重要，它既可以保护被联接件的支承表面，还能防松，决不能随意弃之不用，应根据原车要求安装到位。

4）在发动机缸体上有许多不通的螺纹孔（不通孔），在旋入螺栓前，必须清除孔中的铁屑、水、油等杂物，否则螺栓不能拧紧到位。如果加力拧紧，有可能造成螺栓断裂及缸体开裂等。

5）锈死螺栓的拆卸。对于锈死螺栓的拆卸可用下列方法：

① 将螺栓拧紧1/4圈左右再退回，反复松动，逐渐拧出。

② 用锤子敲击螺母，借以震碎锈层，以便拧出。

③ 在煤油中浸泡20~30min，使煤油渗到锈层中去，使锈层变松以便拧出。

项目一
常用汽车维修工、量具的使用及安全准则

安全是做好一切工作的重要前提，企业通过制定严格的安全制度、规范的操作流程和完善的劳动纪律，能够在造就安全、舒适的工作环境及和谐融洽的管理气氛的同时，保证维修人员的人身安全和提高工作效率；同时，能够塑造良好的企业形象。

本项目主要介绍常用汽车维修工、量具的使用及安全准则，通过学习可以了解实训场地与5S管理和汽车维修常用工、量具的相关知识，掌握汽车维修工作安全内容和常用汽车维修工、量具的使用方法和注意事项，为以后的工作打下扎实的汽车检测、维修基础。

知识导图

3. 认知常用的汽车拆装量具

2. 认知常用的汽车拆装工具

常用汽车维修工、量具的使用及安全准则

1. 认知实训场地与5S管理

任务一 认知实训场地与5S管理

一、任务描述

维修技师李师傅在工作时使用举升机举升车辆，因操作不当造成车辆倾斜，致使车辆从举升设备高处滑落。幸好当时车辆附近并无其他人员，没有造成人员伤亡，否则后果不堪设想。作为维修技师应该怎样操作设备和工具？操作时有哪些使用规范？维修车间日常安全、清洁管理规定有哪些？

二、任务目标

1. 知识目标

1）掌握汽车售后服务过程中，车间维修的安全作业要求及具体事项。
2）掌握汽车维修企业中推行5S管理的目的和作用，掌握5S现场管理的具体内容。

2. 技能目标

在任务学习中，能执行5S标准操作规范，养成高标准的职业素养。

3. 素养目标

1）增强对职业岗位标准的认知，进一步提升规范化的操作意识，树立勇于创新、团结

协作的工匠精神。

2)文明操作,践行5S管理,培养安全、文明的生产意识,提升职业素养。

三、设备器材和技术要求

1. 设备器材
常用汽车维修工具和量具。

2. 技术要求

序号	检查项目	技术要求
1	正确使用压缩空气	$<700kN/m^2$
2	使用活动吊车或千斤顶等起重装置	$>20kg$ 时
3	经常使用的工具和设备	分类整理,定期清洗工具箱和工具
4	车间地面	保持干净、无油污

四、相关知识

(一)汽车维修工作安全内容与要求

1. 场地安全设施

(1)配备消防设施 汽车维修车间的电气设备比较多,电路纷繁复杂,是一个易发生火灾的地方。汽车维修车间应配备消防设施,同时应注意消防器材的保养,若配置的灭火器已失效或已到报废年限,必须及时更换。

(2)粘贴安全标示标志 一般汽车维修车间的设备和墙壁等处都贴有各类安全标示标志,主要有禁止类标志和警示类标志两种。这些安全标示标志提醒维修人员在使用机械、电器等设备时注意安全,避免造成人身伤害或者设备损坏。

1)禁止类标志用来提醒人们不允许做的事,如图1-1所示。

图 1-1 汽车维修厂常见禁止标志

2)警示类标志用来提醒人们在工作时要注意的内容,如图1-2所示。

图 1-2 汽车维修厂常见警告和警示标志

（3）设立有害物质集中收集点 汽车修理作业过程中会产生废油、废液等有害物质，为了维护安全工作，在汽车维修车间应设立废油、废液、废蓄电池、废轮胎等有害物质的集中收集点，且收集点存储区域应该有隔离、控制措施。

（4）安装废气排放净化装置 在汽车维修作业过程中，车辆会排出一氧化碳、碳氢化合物等有害气体，这些有害气体会对环境和维修人员的身心健康造成巨大危害。为消除这些有害气体，涂漆车间应设立废气排放净化及处理设施，如采用干打磨工艺应有粉尘收集装置，涂漆车间应有通风设备，调试车间或工位应设立汽车废气收集和净化装置。

2. 汽车维修作业安全

（1）使用汽油的安全规则

1）维修车间和场地必须充分通风。

2）修理燃油箱前，应用专用溶液或水清除燃油箱内的残余油气。在清洗时，禁止吸烟，不得在附近烘烤零件或点燃喷灯，如图 1-3 所示。

图 1-3 禁止随地倒流废弃液

3）尽量避免用嘴吹、吸汽油管和燃料系统的孔道。

4）存放汽油的地方和油桶应标有"易燃"字样。

5）废油应倒入指定的废油桶，不得随地倒流或倒入排水沟内，以防止废油污染。

（2）起动发动机时的安全规则

1）起动发动机前，应先检查各部位的装配工作是否已全部结束，油底壳内的机油、散热器中的冷却液是否加足，变速杆是否处于空档，拉紧驻车制动器手柄。

2）被调试发动机应具有完好的起动装置。

3）在工厂里调试发动机时，应打开门窗使空气畅通，尽可能将排气管排放的废气接到室外。

4）发动机起动后，应及时检查各仪表工作是否正常。

5）在发动机运转过程中，操作者要防止风扇叶片伤人；发动机过热时，不得打开散热器盖，谨防沸水喷出烫伤操作人员；汽车路试后进行底盘检修时，要防止被排气管烫伤。

（3）车下工作的安全规则

1）正在维修的汽车，应设置"正在维修"的警示牌。如果不是维修制动系统，应拉紧驻车制动器手柄并用三角木垫好车轮。

2）用千斤顶顶车进行底盘作业时，千斤顶要放平稳，人应在汽车的外侧位置，并应事先准备好架车工具,严禁用砖头等易碎物品垫车,严禁仅用千斤顶顶起车辆就在车底作业。

3)不能在用千斤顶顶起、已卸去车轮的汽车下工作。用千斤顶放下汽车时,打开液压开关的动作要缓慢,打开前应观察周围是否有障碍物。

4)在调试发动机时,不得在汽车下工作。

(4)蓄电池使用的安全规则

1)蓄电池应轻搬轻放,不可歪斜,以防电解液洒出腐蚀人体皮肤和衣服。如果电解液溅到皮肤上,应立即用清水冲洗。

2)检查电解液密度和电解液液面高度时,不要将仪器提得过高,以免电解液溅到人体或其他物体上。

3)禁止将油料容器及各种金属物放在蓄电池壳体上。

4)在配置电解液时,应使用陶瓷或玻璃容器,应将硫酸慢慢地倒入水中,禁止将水倒入硫酸中。

3. 维修工具使用安全

正确地选用工具对汽车维修来说极其重要。使用维修工具时应注意:

1)作业前应检查所使用工具是否完好。作业时,工具必须摆放整齐,不得随地乱放。作业完成后应清点、检查工具,将工具擦干净后按要求放入工具车或工具箱内。

2)拆装零部件时,必须使用合适工具或专用工具,不得野蛮操作,不得用硬物直接敲击零件。所有零件拆卸后要按顺序摆放整齐,不得随地堆放。

3)进行电焊等会发出强烈的光刺激眼睛的作业时,应使用相应的保护工具,如佩戴电焊护镜。

4. 用电安全

在拆装车辆零部件过程中,常使用一些电气设备来减轻劳动强度、提高工作效率,若使用不当或缺乏安全防护措施,可能会发生触电、电击事故,伤害维修操作人员。

用电安全的注意事项:

1)发现电气设备有任何异常时,应立即关掉开关并联系管理员等有关人员。

2)电路中发生短路或意外火灾时,在进行灭火之前应先关掉开关。

3)不要靠近断裂或摇晃的导线,不要触摸标有"发生故障"的开关,不要用沾有水的手接触任何电气设备。

4)拔下插头时,不要拉导线,而应拔插头本身。

5)不要让电缆通过潮湿或有油的地方,也不要通过灼热的表面或者尖角部位。

6)禁止在开关、配电盘或电动机等附近使用易燃物。

7)维修竣工后,切断设备电源,关闭总电源。

8)移动电气设备时,避免其电源软线拖得过长、沾染地面油污或水。

9)电源线插头应完好无损地插入电源插座,接地线应完好无损,以免机器设备外壳带电而引起触电。

(二)汽车维修企业管理内容与要求

企业需要有良好的工作环境及和谐融洽的管理气氛,5S管理可造就安全、舒适、明亮的工作环境,提升员工真、善、美的品质,从而塑造企业良好的形象。

5S 管理是企业现场（包括车间、办公室）管理中的一项基本管理。5S 即整理（Seiri）、整顿（Seiton）、清扫（Seiso）、清洁（Seiketsu）和素养（Shitsuke），通过规范现场、现物，营造一目了然的工作环境，培养员工良好的工作习惯。

五、注意事项

1）注意场地的安全设施。
2）遵守汽车维修作业的安全规则。
3）注意维修工具的使用安全及用电安全。
4）遵守汽车场地的 5S 管理规定。

六、学习评价

	自我反思	自我评价	存在问题及解决方案
自我反思与自我评价	是否掌握了汽车维修工作中的场地设施安全	是□ 否□	
	是否掌握了汽车维修作业安全	是□ 否□	
	是否掌握了维修工具的安全使用方法及用电安全	是□ 否□	
	是否愿意将自己的理解和建议与小组成员沟通和探讨	是□ 否□	
	是否愿意接受其他成员的建议	是□ 否□	
	是否通过学习该任务获得了经验	是□ 否□	
	是否希望继续和组内成员合作完成其他任务	是□ 否□	
	评价项目	评价等级	存在问题和解决方案
小组评价	参与度	☆☆☆☆☆	
	完成度	☆☆☆☆☆	
	贡献度	☆☆☆☆☆	
	发言量	☆☆☆☆☆	
	沟通交流	☆☆☆☆☆	
	优点	不足	存在问题和解决方案
教师评价			

七、任务评分

项目	评分标准	分值	得分
接受任务	明确工作任务，理解任务在企业工作中的重要程度	5	
收集信息	完整、准确地收集信息资料	5	
制订计划	按照工作规范及要求制订合适的行动计划	5	
	能协同小组人员安排任务分工	5	
	能在计划实施前准备好需要的工具和器材	5	

（续）

项目	评分标准	分值	得分
计划实施	遵守安全操作规程，正确使用工具、量具，操作现场整洁	5	
	安全防护、劳动防护	5	
	说出起动发动机时的安全规则	10	
	说出车下工作的安全规则	5	
	说出维修工具的安全使用方法	10	
	说出5S的管理内容	10	
	说出用电安全	10	
质量检查	操作过程规范，操作结束后能对现场进行整理	10	
评价反馈	能对自身表现情况进行客观评价	5	
	能在任务实施过程中发现自身存在的问题	5	
合计		100	

任务二　认知常用的汽车拆装工具

一、任务描述

维修技师李师傅在工作时使用液压千斤顶举升车辆，因操作不当造成千斤顶滑出引发事故，幸好当时车辆附近并无其他人员，没有造成人员伤亡，否则后果不堪设想。作为维修技师应该怎样使用拆装工具和设备？使用时的注意事项有哪些？

二、任务目标

1. 知识目标

1）了解常用工具的种类和功用。
2）掌握常用工具的使用方法和使用注意事项。

2. 技能目标

1）能正确使用各种扳手、锤子、撬棒、铜棒等常用拆装工具。
2）能正确使用汽车举升器、吊车、千斤顶等举升器具。

3. 素养目标

1）尊重生命、热爱劳动，履行道德准则和行为规范，具备社会责任感和社会参与意识。
2）培养学生严谨细致、认真负责的工作态度和安全、文明的生产意识。

三、设备器材和技术要求

1. 设备器材

各种扳手、活塞环装卸钳、气门弹簧装卸钳、千斤顶、润滑脂枪（俗称黄油枪）、汽车举升器、吊车。

2. 技术要求

序号	项目	技术要求
1	火花塞套筒扳手	使用前，根据火花塞六角对边尺寸选择火花塞套筒；拆卸时，套筒应对正火花塞六角头，套接要妥当，不可歪斜，应逐渐加大力矩，以防滑脱
2	扳手	开口尺寸必须与螺栓或螺母的尺寸相符合
3	锤子	敲击时，右手握住锤柄后端约10cm处

四、相关知识

1. 扳手

扳手用以紧固或拆卸带有棱边的螺母和螺栓。常用的扳手有呆扳手、梅花扳手、套筒扳手、活扳手、管子扳手等。

（1）呆扳手（图2-1）　呆扳手按形状分有双头扳手和单头扳手两种。其作用是紧固、拆卸一般标准规格的螺母和螺栓。这种扳手可以直接插入或套入，使用较方便。扳手的开口方向与其中间柄部错开一个角度，通常为15°、45°、90°等，以便在受限制的部位能灵活扳动。其规格是以两端开口的宽度 S（mm）来表示的，通常是成套装备，有8件一套、10件一套等，通常用45、50钢锻造并经热处理。

(2) 梅花扳手（图2-2） 梅花扳手与呆扳手的用途相似，其两端是环状的，环的内孔由两个正六边形互相同心错转30°而成。使用时，扳动30°后，即可换位再套，因而适用于狭窄场合下操作。与呆扳手相比，梅花扳手强度高，使用时不易滑脱，但套上、取下不方便。其规格是以闭口尺寸 S（mm）来表示的，通常是成套装备，有8件一套、10件一套等，通常用45钢或40Cr合金钢锻造并经热处理。

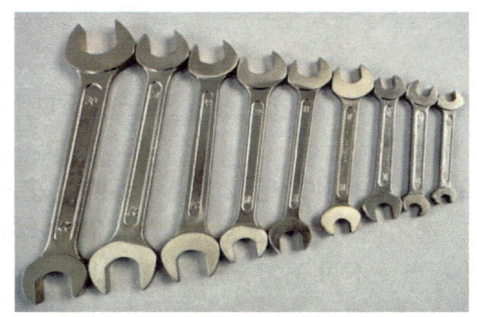

图2-1 呆扳手

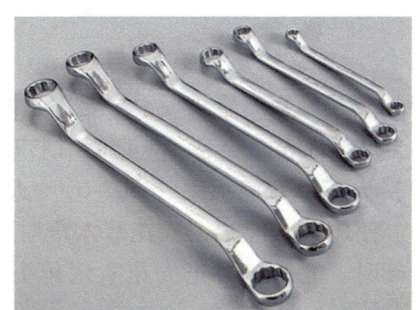

图2-2 梅花扳手

(3) 套筒扳手（图2-3） 其材料、环孔形状与梅花扳手相同，适用于拆装所处位置狭窄或需要一定力矩的螺栓或螺母。套筒扳手主要由套筒头、手柄、棘轮手柄、快速摇柄、接头和接杆等组成，各种手柄适用于各种不同的场合，以操作方便或提高效率为原则。常用套筒扳手的规格是10~32mm。

图2-3 套筒扳手

(4) 扭力扳手（图2-4） 扭力扳手是一种可读出所施力矩大小的专用工具，由扭力杆和套筒头组成。其规格是以最大可测转矩来划分的，常用的有294N·m和490N·m两种。扭力扳手除用来控制螺纹件旋紧力矩外，还可以用来测量旋转件的起动转矩，以检查配合、装配情况。

(5) 活扳手（图2-5） 活扳手的开口宽度可调节，能在一定范围内变动尺寸。其优点是遇到不规则的螺母或螺栓时能正常发挥作用，故应用较广。使用活扳手时，扳手口要调节到与螺母对边贴紧。扳动时，应使扳手可动部分承受推力，固定部分承受拉力，且用力必须均匀。其规格是以最大开口宽度 S（mm）来表示的，常用的规格为150mm、300mm等。

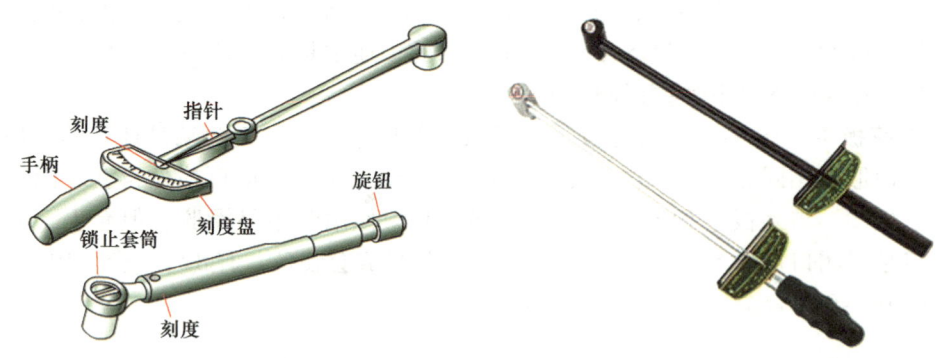

图 2-4　扭力扳手

（6）管子扳手　管子扳手主要用于扳转金属管子或其他圆柱形工件。管子扳手口上有牙，工作时会将工件表面咬毛，应避免用来拆装螺栓、螺母。

（7）火花塞套筒扳手（图 2-6）　火花塞套筒扳手是一种薄壁长套筒、拆除火花塞的专用工具。使用前，应根据火花塞六角对边的尺寸，选用内六角对边尺寸与其相同的火花塞套筒。拆卸时，套筒应对正火花塞六角头，套接要妥当、不可歪斜，应逐渐加大扭力，以防滑脱。

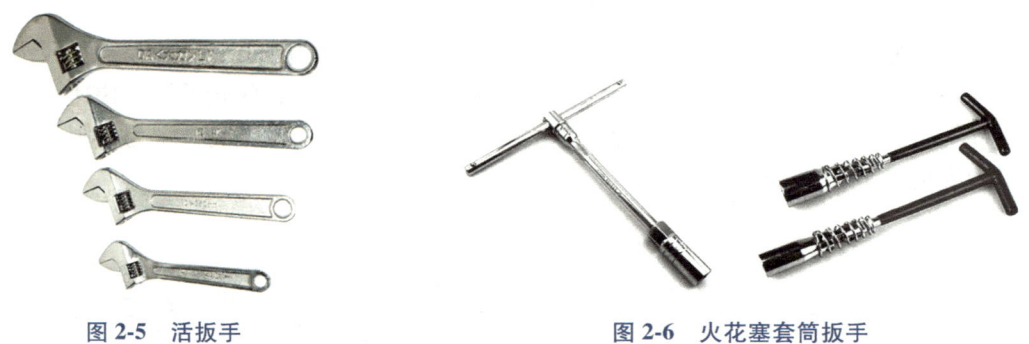

图 2-5　活扳手　　　　　　　　图 2-6　火花塞套筒扳手

注意事项：

1）所选用扳手的开口尺寸必须与螺栓或螺母的尺寸相符合。若扳手开口过大，易滑脱并损伤螺件的六角。在维修进口汽车时，应注意扳手米制、英制的选择。各类扳手的选用原则：一般优先选用套筒扳手，其次为梅花扳手，再次为呆扳手，最后选活扳手。

2）为防止扳手损坏和滑脱，应使拉力作用在开口较厚的一边。这一点对受力较大的活扳手尤其应该注意，以防开口出现"八"字形，损坏螺母和扳手。

3）普通扳手是按人手的力量来设计的，遇到较紧的螺纹件时，不能用锤子击打扳手。除套筒扳手外，其他扳手都不能套装加力杆，以防损坏扳手或螺纹联接件。

2. 螺钉旋具（图 2-7）

（1）螺钉旋具的分类　俗称螺丝刀、改锥，主要有一字槽螺钉旋具和十字槽螺钉旋具两种。

1）一字槽螺钉旋具用于旋紧或松开头部开一字槽的螺钉，其规格以刀体部分的长度来表示。使用一字槽螺钉旋具时，应根据螺钉沟槽的宽度进行选用。

2）十字槽螺钉旋具用于旋紧或松开头部带十字沟槽的螺钉。

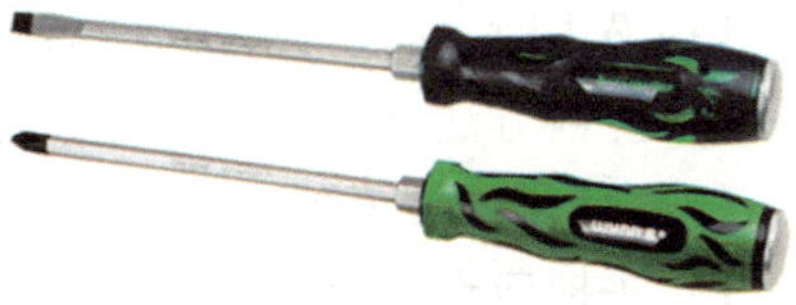

（2）螺钉旋具的使用方法

1）使用时，握住螺钉旋具，手心抵住柄端，螺钉旋具应与螺钉同轴心，压紧后手腕用力进行扭转。螺钉松动后，用手心轻压螺钉旋具，用拇指、中指、食指快速扭转。

2）使用长杆螺钉旋具时，可用另一只手协助压紧和拧动手柄。

（3）螺钉旋具的使用注意事项

1）刀口应与螺钉槽口大小、宽窄、长短相适应，刀口不得残缺，以免损坏槽口和刀口。

2）不准用锤子敲击螺钉旋具柄将其当錾子使用。

3）不准用螺钉旋具当撬棒使用。

4）不可在螺钉旋具刀口端用扳手或钳子增加扭力，以免损伤螺钉旋具杆。

图 2-7 螺钉旋具

3. 鲤鱼钳（图 2-8）

（1）功用　用于弯曲小金属材料；夹持扁形或圆形小工件，切断金属丝。

（2）使用方法　用手握住钳柄后端，使钳口开闭、夹紧。

（3）特点　钳口宽度有两档调节位置，如图 2-8 所示。

（4）使用注意事项

1）不可用鲤鱼钳代替扳手来拧紧或拧松螺栓、螺母，以免损坏螺栓、螺母头部棱角。

2）不可将鲤鱼钳柄当撬棒使用，以免使之弯曲、折断或损坏。

4. 尖嘴钳、弯嘴钳（图 2-9）

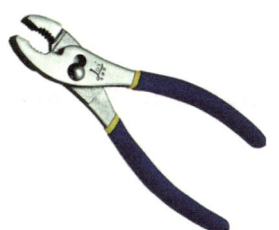

图 2-8　鲤鱼钳

图 2-9　尖嘴钳、弯嘴钳

（1）功用　用于夹持卡簧、锁销等圆形或圆柱形小件。

（2）使用方法　用手握住钳柄后端，使钳口开闭、夹紧。

（3）使用注意事项

1）不可用力太大，否则钳口头部会变形、销轴会松动。

2）不可将尖嘴钳、弯嘴钳柄当撬棒使用，以免使之弯曲、折断或损坏。

3）不可用尖嘴钳、弯嘴钳代替扳手来拧紧或拧松螺栓、螺母，以免损坏螺栓、螺母头部棱角。

5. 锤子

（1）功用　用于敲击工件，使工件变形、位移、振动，还可用于工件的校正、整形。

（2）使用方法

1）敲击时，右手握住锤柄后端约 10cm 处，握力适度，眼睛注视工件。

2）挥锤方法有手挥、肘挥和臂挥 3 种。

（3）使用注意事项

1）手柄应安装牢固，用楔塞牢，以防锤头飞出伤人。

2）锤头应平整地击打在工件上，不得歪斜，以防破坏工件表面形状。

3）拆卸零部件时，禁止直接锤击重要表面或易损部位，以防出现表面破坏或损伤。

6. 铜棒

（1）功用　用于敲击不允许直接锤击的工件表面。注意：不得用力太大。

（2）使用方法　一般和锤子一起使用，一手握住铜棒，将其一端置于工件表面，一手用锤子锤击铜棒另一端。

（3）使用注意事项　不可代替锤子或当撬棍使用。

7. 撬棍

（1）功用　用于撬动旋转件或撬开结合面，也可用于工件的整形。

（2）使用方法　将其稳定地支撑于某一位置，施加力使之旋转或撬起。

（3）使用注意事项

1）不可代替铜棒使用。

2）不可用于软材质结合面。

8. 活塞环拆装钳（图 2-10）

（1）功用　活塞环拆装钳是一种专门用于拆装活塞环的工具。维修发动机时，必须使用活塞拆装钳拆装活塞环。

（2）使用方法　使用活塞环拆装钳时，将拆装钳上的环卡卡住活塞环开口，握住手把稍稍均匀地用力，使拆装钳手把慢慢地收缩，环卡将活塞环徐徐地张开，使活塞环能从活塞环槽中被取出或装入。

（3）使用注意事项　使用活塞环拆装钳拆装活塞环时，用力必须均匀，避免用力过猛而导致活塞环折断，避免伤手事故。

9. 气门拆装钳（图 2-11）

图 2-10　活塞环拆装钳

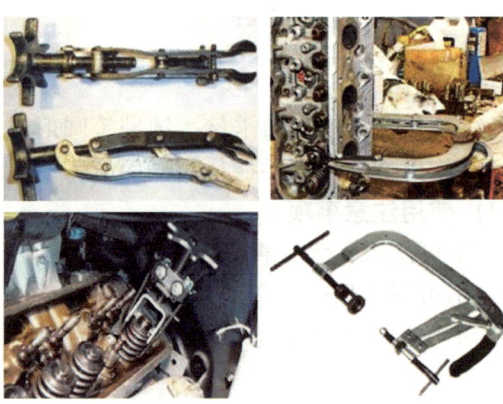

图 2-11　气门拆装钳

(1) 功用 专门用于拆装发动机配气机构的气门。

(2) 使用方法 使用时，将拆装钳托架抵住气门，压环对正气门弹簧座，然后旋转手柄，使气门弹簧被压缩。这时取下气门弹簧锁片，慢慢地反向旋转手柄并松开，即可取出气门弹簧座、气门弹簧和气门等。

10. 千斤顶（图 2-12）

(1) 功用和种类 千斤顶是一种常用、简单的起重工具。按照其工作原理的不同可分为机械式和液压式；按照所能顶起的质量可分为 3000kg、5000kg、9000kg 等多种不同规格。目前广泛使用的千斤顶是液压式千斤顶。

图 2-12 千斤顶

(2) 使用方法 以液压式千斤顶为例介绍其使用方法：

1）起顶汽车前，应把千斤顶顶面擦拭干净，拧紧液压开关，把千斤顶放置在被顶部位的下部，并使千斤顶与被顶部位相互垂直，以防千斤顶滑出而造成事故。

2）旋转顶面螺杆，改变千斤顶顶面与被顶部位的原始距离，使起顶高度符合汽车需要的顶置高度。

3）用三角形垫木将汽车着地车轮前、后塞住，防止汽车在起顶过程中发生滑溜事故。

4）用手上下压动千斤顶手柄，使被顶汽车逐渐升到一定高度，然后在车架下放入搁车凳。禁止用砖头等易碎物支垫汽车。落车时，应先检查车下是否有障碍物并确保操作人员的安全。

5）徐徐拧松液压开关，使汽车缓缓平稳地下降，架稳在搁车凳上。

(3) 使用注意事项

1）在汽车起顶或下降过程中，禁止在汽车下面进行作业。

2）应徐徐拧松液压开关，使汽车缓慢下降，汽车下降的速度不能过快，否则易发生事故。

3）在松软路面上使用千斤顶顶起汽车时，应在千斤顶底座上加垫一块有较大面积且能承受压力的材料（如木板等），以防止千斤顶由于汽车重压而下沉。千斤顶与汽车接触位置应正确、牢固。

4）千斤顶把汽车顶起后，当液压开关处于拧紧状态时，若发生自动下降现象，应立即查找原因，及时排除故障后才可继续使用。

5）发现千斤顶缺油时，应及时补充规定油液，不能用其他油液或水代替。

6）千斤顶不能用火烘热，以防皮碗、皮圈损坏。

7）千斤顶必须垂直放置，以免因油液渗漏而失效。

11. 汽车举升器

(1) 功用和种类 为了改善劳动条件，增大作业空间范围，在汽车维修中日益广泛地使用了汽车举升器。汽车举升器按立柱数的不同可分为单立柱式、双立柱式和四立柱式；按结构特点的不同可分为电动机械举升器和电动液压举升器。

(2) 使用注意事项

1）被举升车辆的总质量不能大于举升器的最大起升质量。

2）根据车型和停车位置的不同，尽量使汽车的重心与举升器的重心相接近；为了能打开车门，汽车与立柱间应有一定的距离。

3）应转动、伸缩、调整举升臂至汽车底盘指定位置并接触牢靠。
4）汽车举升前，操作人员应检查汽车周围人员的动向，防止发生意外。
5）汽车举升时，严防偏重。要在汽车离开地面较低位置进行反复升降，无异常现象时才可举升至所需高度。
6）汽车举升后，应落槽于棘牙上，并立即进行锁紧。

五、注意事项

1）使用扳手类工具时，要选对规格，注意工具的正确使用。
2）使用螺钉旋具时，要注意方法技巧，切忌暴力使用而毁坏工具。
3）使用钳类工具时，要注意其使用场合，防止工具损毁。
4）使用锤子、铜棒、撬棍等工具时，要注意安全，防止人员受伤。
5）使用活塞环拆装钳、气门拆装钳等专用工具时，要严格按照工具操作要求使用，防止人员受伤和工具损毁。
6）使用千斤顶、汽车举升器时，严格按照工具使用说明操作，防止人员受伤和工具损毁。

六、学习评价

	自我反思	自我评价	存在问题及解决方案
自我反思与 自我评价	是否掌握了扳手类工具的使用方法	是□ 否□	
	是否掌握了螺钉旋具的使用方法	是□ 否□	
	是否掌握了鲤鱼钳、尖嘴钳、弯嘴钳的使用方法	是□ 否□	
	是否掌握了锤子、铜棒、撬棍的使用方法	是□ 否□	
	是否掌握了活塞环拆装钳、气门拆装钳的使用方法	是□ 否□	
	是否掌握了千斤顶、汽车举升器的使用方法	是□ 否□	
	是否愿意将自己的理解和建议与小组成员沟通和探讨	是□ 否□	
	是否愿意接受其他成员的建议	是□ 否□	
	是否通过学习该任务获得了经验	是□ 否□	
	是否希望继续和组内成员合作完成其他任务	是□ 否□	
	评价项目	评价等级	存在问题和解决方案
小组评价	参与度	☆☆☆☆☆	
	完成度	☆☆☆☆☆	
	贡献度	☆☆☆☆☆	
	发言量	☆☆☆☆☆	
	沟通交流	☆☆☆☆☆	
	优点	不足	存在问题和解决方案
教师评价			

七、任务评分

项目	评分标准	分值	得分
接受任务	明确工作任务，理解任务在企业工作中的重要程度	5	
收集信息	完整、准确地收集信息资料	5	
制订计划	按照工作规范及要求制订合适的行动计划	5	
	能协同小组人员安排任务分工	5	
	能在计划实施前准备好需要的工具和器材	5	
计划实施	遵守安全操作规程，正确使用工具、量具，操作现场整洁	5	
	安全防护、劳动防护	5	
	扳手类工具的使用选择（口述）	3	
	螺钉旋具的使用选择（口述）	3	
	鲤鱼钳、尖嘴钳、弯嘴钳的使用选择（口述）	3	
	锤子、铜棒、撬棍的使用注意事项（口述）	3	
	活塞环拆装钳、气门拆装钳的使用注意事项（口述）	3	
	千斤顶、汽车举升器的使用操作	30	
质量检查	操作过程规范，操作结束后能对现场进行整理	10	
评价反馈	能对自身表现情况进行客观评价	5	
	能在任务实施过程中发现自身存在的问题	5	
	合计	100	

任务三　认知常用的汽车拆装量具

一、任务描述

维修技师李师傅在工作时使用内径百分表测量气缸直径，因操作不当造成量具损坏，延误了工作进度并给企业带来损失。作为维修技师该怎样使用汽车拆装量具？使用时的注意事项有哪些？

二、任务目标

1. 知识目标
1）熟悉汽车维修中常用量具的名称、规格和工作原理。
2）掌握汽车维修过程中量具的正确使用方法和读数方法。

2. 技能目标
能够正确地对汽车维修中常用量具进行维护和存放。

3. 素养目标
1）培养学生严谨细致、认真负责的工作态度。
2）培养学生的标准、规范、安全意识和追求质量、精益求精的职业素养。

三、设备器材和技术要求

1. 设备器材
各种规格型号的游标卡尺、卡钳、百分表、内径百分表、弹簧秤、塞尺、千分尺、金属直尺（规格尽量齐全）。

2. 技术要求

序号	项目	技术要求
1	直尺	尽量使待测物贴近金属直尺的刻度线；读数时，视线要垂直于金属直尺
2	塞尺	测量时不能用力太大，以免塞尺弯曲或折断
3	游标卡尺	使用前，先将游标卡尺的卡口合拢，检查游标尺的零线和主刻度尺的零线是否对齐。若对不齐，说明卡口有零误差，应调零
4	千分尺	校对零点，将砧座与螺杆接触，看圆周刻度零线是否与纵向中线对齐、微分筒左侧棱边与尺身的零线是否重合。如果有误差，应调整
5	弹簧秤	在使用时，应注意所测的重力或力不要超过弹簧秤的量度范围

四、相关知识

1. 金属直尺
金属直尺是一种最简单的长度量具，它有150mm、300mm、500mm和1000mm 4种规格，外形如图3-1所示，一般分度值为1mm，标度单位为cm，读数时可以准确读到mm位，

mm 位以下的数值是估计值。

金属直尺可用于测量零件的长度、螺距、宽度、内、外孔直径、深度以及零件加工制造的划线等。用金属直尺直接测量零件的直径尺寸（轴径或孔径）的测量精度较低，其原因是除了金属直尺本身的读数误差比较大以外，金属直尺无法准确地放在零件直径的正确位置。所以，零件直径尺寸的测量最好使用金属直尺和内、外卡钳配合起来进行。

使用金属直尺的注意事项：

1）尽量使待测物贴近金属直尺的刻度线；读数时，视线要垂直于金属直尺，如图 3-2 所示。

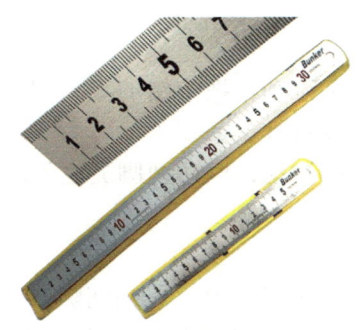

图 3-1　金属直尺

 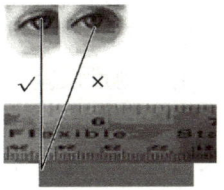

图 3-2　金属直尺的读数方法

2）不要用金属直尺的端点作为测量的起点，因为端边易受磨损而给测量带来误差。

3）金属直尺的刻度可能不够均匀，在测量时要选取不同起点进行多次测量，然后取平均值。

2. 卡钳

卡钳是间接读数的量具，按用途的不同分为内卡钳和外卡钳两种；按结构的不同分为紧轴式卡钳和弹簧式卡钳两种。图 3-3 所示为常见的两种内、外卡钳。内卡钳是用来测量内径和凹槽的，外卡钳是用来测量外径和平行面的。它们本身都不能直接读出测量结果，需要把测量得的长度尺寸（直径也属于长度尺寸）在金属直尺上进行读数，如图 3-4 所示；或先在金属直尺上获得所需尺寸，再去检验零件的尺寸是否符合。

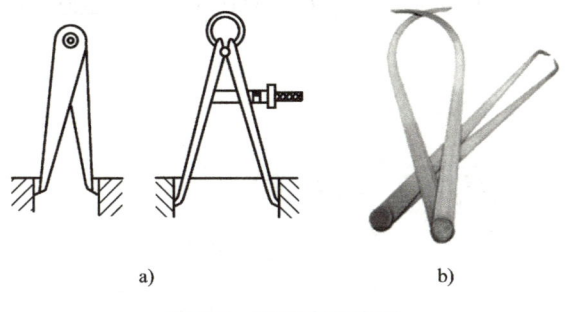 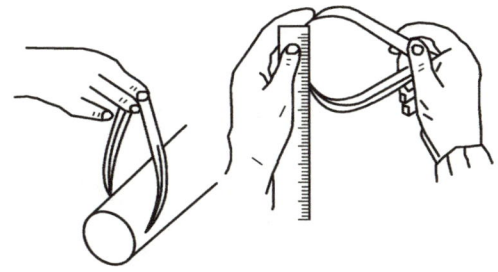

图 3-3　常用卡钳类型
a）内卡钳　b）外卡钳

图 3-4　卡钳的使用

测量时，操作卡钳的方法对测量结果影响很大。正确的操作方法：用内卡钳时，用拇指和食指轻轻捏住卡钳的销轴两侧，将卡钳送入孔或槽内；用外卡钳时，右手的中指挑起卡钳，用拇指和食指撑住卡钳的销轴两边，使卡钳在自身的重力作用下两量爪滑过被测表面。卡钳与被测表面的接触情况凭手的感觉，手有轻微感觉即可，不宜过松，也不要用力卡卡钳。

使用大卡钳时，要用两只手操作，右手握住卡钳的销轴，左手扶住一只量爪进行测量。测量轴类零件的外径时，应使卡钳的两只量爪垂直于轴心线，即在被测件的径向平面内测量。测量孔径时，应使一只量爪与孔壁的一边接触，另一量爪在径向平面内左右摆动找最大值。

校好尺寸的卡钳应轻拿轻放，以防止尺寸发生变化。把量得的卡钳放在金属直尺、游标卡尺或千分尺上量取尺寸。测量精度要求高的用千分尺校对，测量精度一般的用游标卡尺校对，测量毛坯等用金属直尺校对即可。

使用卡钳时的注意事项：
1）改变卡钳两脚尖之间的微小距离时，不要直接用手拉动，把卡钳的某一脚在较硬的物体上轻轻敲动即可（增大间距，敲内侧；减小间距，敲外侧）。
2）从圆筒上取下卡钳时，必须小心操作，不能用力和振动，以防两脚尖之间的距离发生改变而增大测量误差。

3. 塞尺

塞尺俗称厚薄规，主要用来检验活塞与气缸、活塞环槽和活塞环、气门间隙、齿轮啮合间隙等两个结合面之间间隙的大小。塞尺是由许多层厚薄不一的薄钢片组成的，如图3-5所示。每把塞尺中的每片都具有两个平行的测量平面，且都有厚度标记，以供组合使用。

测量时，根据结合面间隙的大小，用一片或数片尺片重叠在一起塞进间隙内。例如，用0.04mm的一片尺片能插入间隙，而0.05mm的一片尺片不能插入间隙，这说明间隙在0.04mm和0.05mm之间，所以塞尺也是一种界限量规。

注意事项：
1）可根据结合面的间隙情况选用塞尺片数，但片数越少越好。
2）测量时不能用力太大，以免塞尺弯曲或折断。
3）不能测量温度较高的工件。

4. 游标卡尺

游标卡尺（图3-6）可以测量内外尺寸、深度、孔距、环行壁厚和沟槽，其精度有0.10mm、0.05mm和0.02mm 3种，测量范围有0~125mm、0~150mm、0~200mm、0~300mm等。

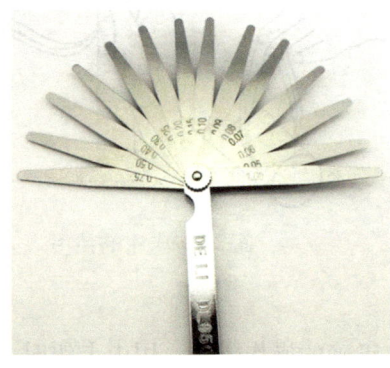

图3-5 塞尺

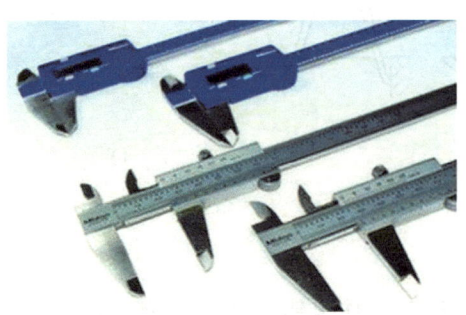

图3-6 游标卡尺

游标卡尺的读数方法：

1）先读整数——看游标零线的左边，主尺上与游标零线最近的一条刻线的数值即为被测尺寸的整数部分。

2）再读小数——看游标零线的右边，游标第 n 条刻线与主尺刻线对齐，则被测尺寸的小数部分为 $n×i$（简单判断游标卡尺分度值的方法：先确定游标上的格数 n，分度值等于游标格数的倒数，即 $i=1/n$）。

3）得出被测尺寸——整数部分加上小数部分。

注意事项：

1）使用游标卡尺前，应该先将游标卡尺的卡口合拢，检查游标尺的零线和主刻度尺的零线是否对齐。若对不齐，说明卡口有零误差，应调零。

2）推动游标刻度尺时不要用力过猛，卡住被测物体时松紧应适当，更不能卡住物体后再移动物体，以防卡口受损。

3）游标卡尺用完后，两卡口要留有间隙，绝不可将副尺固定螺钉锁定；然后，将游标卡尺放入包装盒内，不能随便放在桌上，更不能放在潮湿的地方。

5. 千分尺

千分尺是一种比游标卡尺精密的量具，其测量精度为 0.01mm。千分尺的测微螺杆的移动量为 25mm，所以外径千分尺的测量范围一般为 25mm。为了使外径千分尺能测量更大范围的长度尺寸，以满足工业生产的需要，外径千分尺的尺架做成各种尺寸，形成不同测量范围的外径千分尺。千分尺的测量范围有 0~25mm、25~50mm、50~75mm 等规格。常用的千分尺分为外径千分尺（图 3-7）和内径千分尺（图 3-8）。

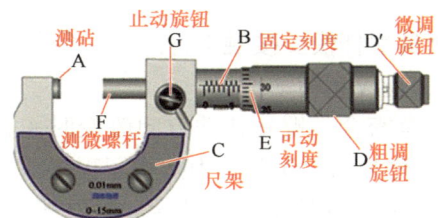 

图 3-7 外径千分尺

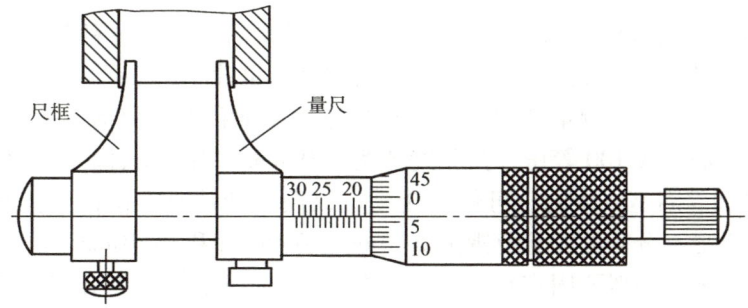

图 3-8 内径千分尺

千分尺主要由尺架、测量装置、测力装置和锁紧装置等组成。一般千分尺均附有调零的专用小扳手，测量下限不为零的千分尺还附有用于调整零位的标准棒。

外径千分尺的读数方法如图 3-9 所示。外径千分尺固定套管上有两组刻线，两组刻线之间的横线为基线，基线以下为毫米刻线，基线以上为半毫米刻线；活动套管上沿圆周方向有 50 条刻线，每一条刻线表示 0.01mm。

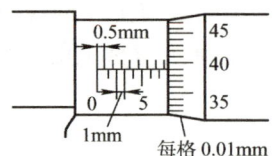
固定套管读数：7.5mm
微分筒读数：39×0.01mm=0.39mm
被测尺寸：7.5mm+0.39mm=7.89mm

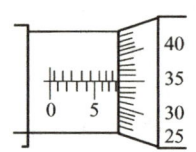
固定套管读数：8.0mm
微分筒读数：35×0.01mm=0.35mm
被测尺寸：8.0mm+0.35mm=8.35mm

图 3-9　外径千分尺的读数方法

测量时，读数方法分 3 步：

1）读出固定套管上露出刻线的整毫米数和半毫米数（0.5mm）（注意看清露出的是上方刻线还是下方刻线，以免相差 0.5mm）。

2）看准微分筒上哪一格与固定套管纵向刻线对准，将刻线的数值乘以 0.01mm 即为小数部分的数值。

3）上述两部分读数相加，即得出被测工件的尺寸。

注意事项：

1）校对零点。将砧座与螺杆接触，看圆周刻度零线是否与纵向中线对齐、微分筒左侧棱边与尺身的零线是否重合；如果有误差，应调整。

2）合理操作。手握尺架，转动微分筒，当测量螺杆快要接触工件时，必须使用端部棘轮，严禁再拧微分筒。当棘轮发出"嗒嗒"声时，应停止转动。

3）防止回程误差。由于螺钉和螺母不可能完全密合，螺旋转动方向改变时，它的接触状态也改变，导致两次读数不同，由此产生的误差称为回程误差。为防止回程误差，测量时应向同一方向转动，使十字线和目标对准；若移动十字线时超过了目标，就要多退回一些，重新向同一方向转动。

6. 百分表

图 3-10 所示为百分表的结构。百分表常用来测量机器零件的各种几何形状偏差和表面相互位置偏差，也可测量工件的长度尺寸。其具有外廓尺寸小、重量轻和使用方便等特点。

百分表的工作原理是将测量杆的直线位移，经过齿条和齿轮传动转变为指针的角位移。百分表的刻度盘圆周刻成 100 等份，其分度值为 0.01mm，当大指针转动 1 周时，测杆的位移为 1mm；表盘和表圈是一体的，可任意转动，以便使指针对零位；小指针用以指示大指针的回转圈数。常见百分表的测量范围为 0~3mm、0~5mm 和 0~10mm 等。

在使用时，百分表一般要固定在表架上，如图 3-11 所示。用百分表进行测量时，必须首先调整表架，使测杆与零件表面保持垂直接触且有适当的预缩量，转动表盘使指针对正表盘上的"0"刻度线，然后按一定方向缓慢移动或转动工件，测杆则会随零件表面的移动自动伸缩。测杆伸长时，表针顺时针转动，读数为正值；测杆缩短时，表针逆时针转动，读数为负值。

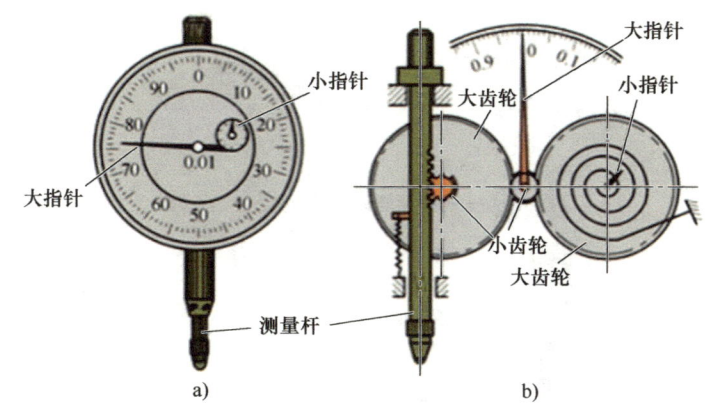

图 3-10 百分表的结构

a) 百分表 b) 传动原理

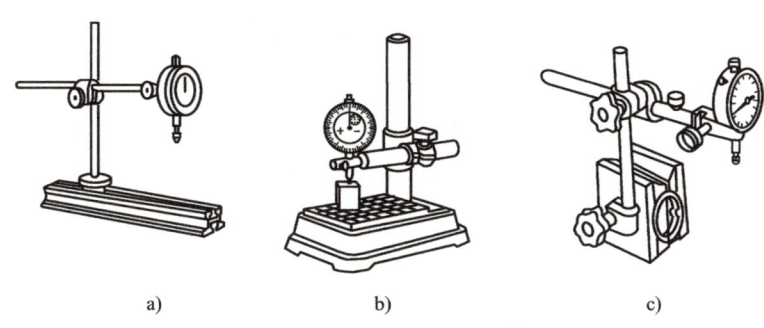

图 3-11 安装在专用夹持架上的百分表

a) 普通表座 b) 万能表座 c) 磁力表座

内径百分表的组装

内径百分表的校正

注意事项：

1) 使用前，应检查测量杆活动的灵活性。

2) 要严格防止水、油和灰尘渗入表内，测量杆上不要加油，免得沾有灰尘的油污进入表内，影响表的灵活性。

3) 不使用时，应使测量杆处于自由状态，以免使表内的弹簧失效。内径百分表上的百分表不使用时，应拆下来保存。

7. 内径百分表

内径百分表是内量杠杆式测量架和百分表的组合，它用比较法来测量孔径及其几何形状偏差。内径百分表主要用来测量气缸的尺寸精度和形状精度，也可以用来测量轴孔，俗称量缸表。

内径百分表如图 3-12 所示。为测量不同缸径，常备有不同的接杆及加长接杆。内径百分表的规格是按测量直径的范围来划分的，如 18~35mm、35~50mm、50~160mm 等，汽车维修作业中常用 50~160mm 规格的内径百分表。

测量时，首先根据气缸（或轴承孔）直径选择长度尺寸合适的接杆，将接杆固定在内径百分表下端的接杆座上；然后校正内径百分表，将外径千分尺调到被测气缸（或轴承孔）的标准尺寸，将内径百分表校正到外径千分尺的尺寸并使伸缩杆有 2mm 左右的压缩行程，旋转表盘使指针对准零位后即可进行测量，如图 3-13 所示。

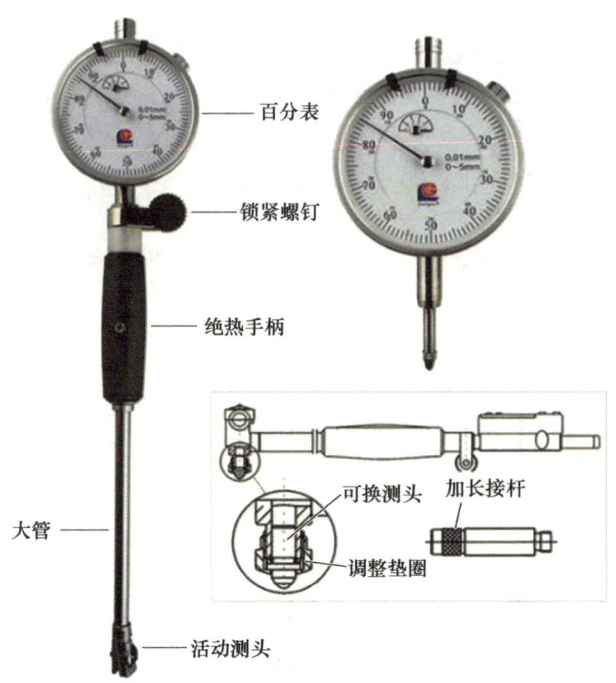

图 3-12 内径百分表

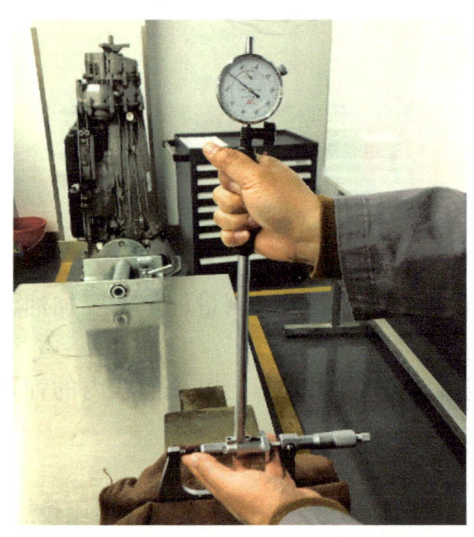

图 3-13 内径百分表的使用

注意：测量过程中，必须前后摆动内径百分表以确定读数最小时的直径位置，同时还应在一定角度内转动内径百分表以确定读数最大时的直径位置。

8. 弹簧秤

弹簧秤是利用弹簧的形变与外力成正比的关系制成的测量作用力大小的装置。

弹簧秤分为压力型和拉力型两种。压力弹簧秤的托盘承受的压力等于物体的重力，秤盘指针旋转的角度指示所受压力的数值。拉力弹簧秤的下端和一个钩子连在一起（这个钩子是与弹簧下端连在一起的），弹簧的上端固定在壳顶的环上。将被测物挂在拉力弹簧秤的钩上，弹簧即伸长，而固定在弹簧上的指针随着下降。由于在弹性限度内，弹簧的伸长与所受外力成正比，因此作用力的大小或物体重力可从弹簧秤的指针指示值直接读出。

注意事项：
1）在使用时，应注意所测的重力或力不要超过弹簧秤的量度范围。
2）检查在弹簧秤未挂物体时指针是否指在零刻度，若不在零刻度应进行校正。
3）挂物体前，最好轻轻地来回拉动挂钩几次，防止弹簧指针卡在外壳上。
4）勿使弹簧和指针跟外壳摩擦，以免误差过大。

五、注意事项

1）测量不同零件时，要按照精度要求选择合适的量具。
2）使用百分表时，要严防水、油和灰尘渗入表内，注意工具的保护。
3）使用内径百分表时，要严格按照规程使用，注意测量的精度。
4）使用弹簧秤时，严禁测量超过弹簧秤量度范围的物品，保护测量工具。

六、学习评价

	自我反思	自我评价	存在问题及解决方案
自我反思与自我评价	是否掌握了金属直尺、塞尺的使用方法	是□ 否□	
	是否掌握了卡钳、游标卡尺的使用方法	是□ 否□	
	是否掌握了千分尺的使用方法	是□ 否□	
	是否掌握了百分表的使用方法	是□ 否□	
	是否掌握了内径百分表的使用方法	是□ 否□	
	是否掌握了弹簧称的使用方法	是□ 否□	
	是否愿意将自己的理解和建议与小组成员沟通和探讨	是□ 否□	
	是否愿意接受其他成员的建议	是□ 否□	
	是否通过学习该任务获得了经验	是□ 否□	
	是否希望继续和组内成员合作完成其他任务	是□ 否□	
	评价项目	评价等级	存在问题和解决方案
小组评价	参与度	☆☆☆☆☆	
	完成度	☆☆☆☆☆	
	贡献度	☆☆☆☆☆	
	发言量	☆☆☆☆☆	
	沟通交流	☆☆☆☆☆	
	优点	不足	存在问题和解决方案
教师评价			

七、任务评分

项目	评分标准	分值	得分
接受任务	明确工作任务，理解任务在企业工作中的重要程度	5	
收集信息	完整、准确地收集信息资料	5	
制订计划	按照工作规范及要求制订合适的行动计划	5	
制订计划	能协同小组人员安排任务分工	5	
制订计划	能在计划实施前准备好需要的工具和器材	5	
计划实施	遵守安全操作规程，正确使用工具、量具，操作现场整洁	5	
计划实施	安全防护、劳动防护	5	
计划实施	用金属直尺测量零件长度	5	
计划实施	用卡钳测量零件的内径和外径	5	
计划实施	用塞尺测量气门间隙	5	
计划实施	用游标卡尺测量孔距	5	
计划实施	用千分尺测量孔距	5	
计划实施	用百分表测量曲轴圆跳动量	10	
计划实施	用内径百分表测量气缸的尺寸	5	
计划实施	用弹簧秤测量物体的重力	5	
质量检查	操作过程规范，操作结束后能对现场进行整理	10	
评价反馈	能对自身表现情况进行客观评价	5	
评价反馈	能在任务实施过程中发现自身存在的问题	5	
	合计	100	

【拓展课堂】"最美汽车维修工"

"干一行爱一行，自己喜欢的工作，一定要做到最好。"这是郭畅最朴实的心声，更是他行动的指南。从业以来，他一直以维护客户的利益为己任，认真地对待每一天的工作，高水平、高质量地完成工作，同时发扬"传、帮、带"精神，带出了一批又一批行业骨干。他用高超的技艺和无私奉献的精神，赢得了同事和广大客户的称赞，在2021年被誉为阜阳市"最美汽车维修工"。

从职业院校汽车维修专业毕业后，郭畅一直从事汽车维修工作，他勤奋好学，凭着对汽车维修的热爱，努力学习新能源、新技术车辆的维修技能，带领徒弟攻克大量汽车维修难题，技术攻关汽车维修的科研项目。

2015年，阜阳市"郭畅技能大师工作室"获批成立。自从工作室成立后，他在实际工作中为公司解决了大量技术方面的难题，发明、革新了许多汽车维修技术、维修工艺，为其所在公司赢得了经济效益和良好的社会效益，同时注重对新技术、新工艺的学习和对学习心得、体会的总结，在国家级刊物《汽车维修》《汽车电器》《汽车维护与修理》等汽车修理类杂志上发表了数篇论文。

经过三十多年的摸爬滚打和技能钻研，郭畅从一名普通的职业院校毕业生成长为公司的技术创新和高技能人才培养骨干和带头人，成为阜阳市汽车维修行业的领军人物。虽然拥有众多的成绩和荣誉，但他始终如一，每天在他所从事的岗位上兢兢业业、辛勤耕耘，用自己的执着和信念诠释了平凡岗位上的不平凡。

项目二

曲柄连杆机构的拆装及检测

曲柄连杆机构是汽车发动机两大机构之一,是内燃机完成工作循环、实现能量转换的传动机构,其作用是将燃气作用在活塞顶上的力转变为曲轴旋转运动的转矩,对外输出动力。曲柄连杆机构由机体组(气缸体与曲轴箱组)、活塞连杆组和曲轴飞轮组组成。

本项目主要介绍曲柄连杆机构的基本构造和拆装检测过程,通过学习可以了解曲柄连杆机构的相关知识,掌握曲柄连杆机构各部件的拆装、检测技能,帮助学生形成正确的汽车检测维修思路,具备安全意识、团队合作意识和集体责任感等职业素养,为将来能够胜任汽车售后服务职业岗位、解决较复杂的汽车检测维修等问题奠定良好的基础。

知识导图

```
4. 拆装及检测曲轴飞轮组                    1. 拆装及检测机体组
                  曲柄连杆机构的拆装及检测
3. 拆装及检测活塞连杆组(二)               2. 拆装及检测活塞连杆组(一)
```

任务四　拆装及检测机体组

一、任务描述

一辆刚刚大修过的轿车,有发动机冒白烟,怠速运转时,打开散热器盖看到散热器冒气泡,气缸压力低的故障。经检查其他系统均良好,初步判定为气缸盖、气缸体、气缸垫安装不到位,或是出现严重变形等情况,需对发动机进行解体检修。

二、任务目标

1. 知识目标

1)掌握机体组各部件的名称、作用和发动机的解体方法和步骤。
2)熟悉发动机气缸体的结构特点以及主要配合面的检查部位和测量方法。

2. 技能目标

1)能正确使用刀口形直尺、塞尺、内径量表等工具。
2)能熟练进行发动机外部附件的拆卸。

3）能正确地进行机体组和气缸盖的拆卸。
4）能正确地进行缸体平面修理。
5）能准确测量气缸体的平面度和主轴承座孔的圆度。

3. 素养目标

1）提升敢想敢做、吃苦耐劳的职业素养。
2）培养爱岗敬业、追求极致的职业素养。
3）培养学生的团队合作意识和集体责任感。
4）提升学生标准、规范、安全意识和精益求精的职业素养。

三、设备器材和技术要求

1. 设备器材

典型车型的发动机、相关挂图或图册、发动机拆装常用工具及专用工具、套筒扳手、扭力扳手、刀口形直尺、塞尺、内径量表。

2. 技术要求

序号	检查项目	技术要求
1	缸体上平面 50mm×50mm 范围内平面度误差	≤0.15mm
2	铸铁气缸体主轴承座孔的圆度和圆柱度误差	≤0.01mm
3	铝合金气缸体主轴承座孔的圆度和圆柱度误差	≤0.015mm
4	缸体平面铣削或磨削量	0.24~0.50mm

四、相关知识

机体组主要由气缸体、气缸套、气缸盖、气缸垫、曲轴箱、油底壳和发动机支承等组成。

1. 气缸体

气缸体是组装发动机各机构和系统的基础件，并由它来保持发动机各运动件相互之间的准确位置关系。气缸体一般由铸铁材料制成，也有的用铝合金制成。气缸体具体结构形式分为一般式气缸体、龙门式气缸体和隧道式气缸体3种（图4-1）。

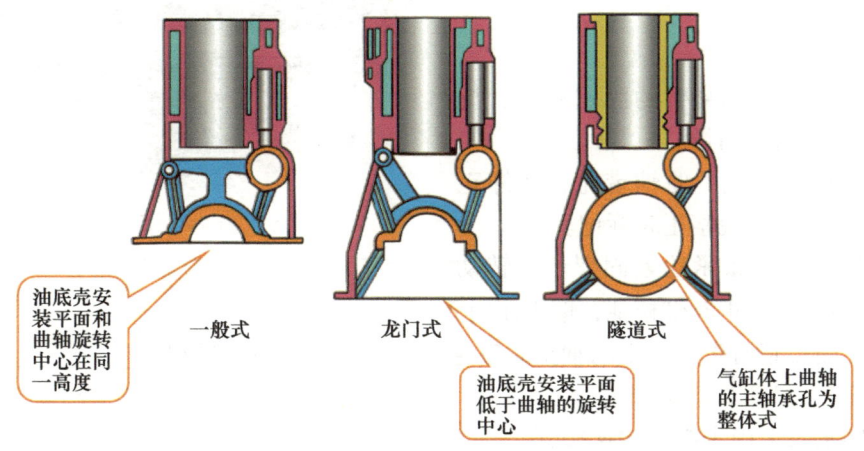

图 4-1 气缸体的分类

2. 气缸套

气缸套分为干式和湿式两种（图4-2）。

干式缸套不直接与冷却液接触，壁厚一般为1~3mm。

湿式缸套与冷却液直接接触，壁厚一般为5~9mm。

3. 气缸盖（图4-3）

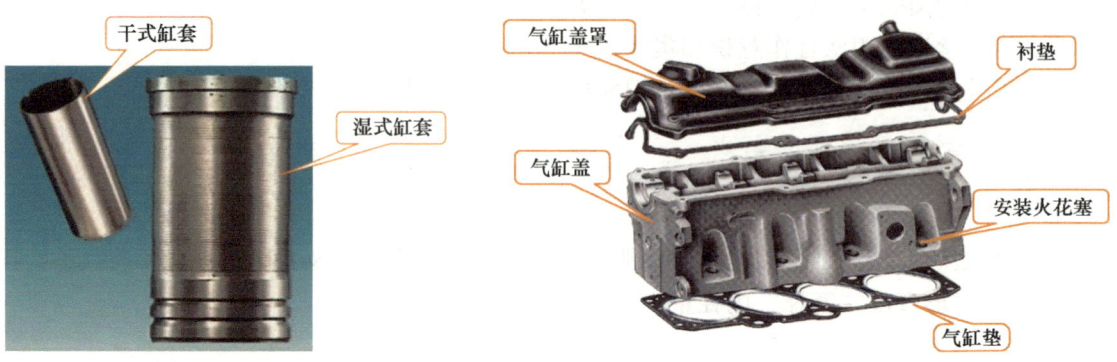

图4-2 气缸套的分类　　　　图4-3 气缸盖和气缸垫

气缸盖密封气缸并与活塞顶、气缸内壁上部共同形成燃烧室。水冷式气缸盖有整体式、分体式和单体式3种结构形式。

4. 气缸垫（图4-3）

安装气缸垫时，应使带卷边的一面朝向易修整的或较硬的平面（不易产生压痕）。

1）气缸盖和气缸体材料同为铸铁时，卷边应朝向气缸盖（易修整）。

2）气缸盖材料为铝合金、气缸体材料为铸铁时，卷边应朝向气缸体（硬面）。

3）气缸盖、气缸体材料同为铝合金时，卷边应朝向湿式缸套的凸沿（硬面）。

5. 油底壳（图4-4）

油底壳的主要功能是储存润滑油并封闭曲轴箱。油底壳一般受力很小，多采用薄钢板冲压而成。

五、任务实施

（一）机体组的分解

1. V带及正时带的拆卸（图4-5）

1）旋松发动机撑紧臂的固定螺栓，拆卸水泵、发动机的传动带。

2）拆卸水泵带轮、曲轴带轮，拆卸正时带上防护罩。注意观察正时标记。

3）旋松正时带张紧轮紧固螺母，转动张紧轮的偏心轴，使正时带松弛，取下正时带。

4）拆下曲轴正时带轮、中间轴正时带轮，拆下正时带后防护罩。

2. 发动机外部附件的拆卸

1）拆卸水泵上尚未拆卸的连接管。

图4-4 油底壳

项目二　曲柄连杆机构的拆装及检测

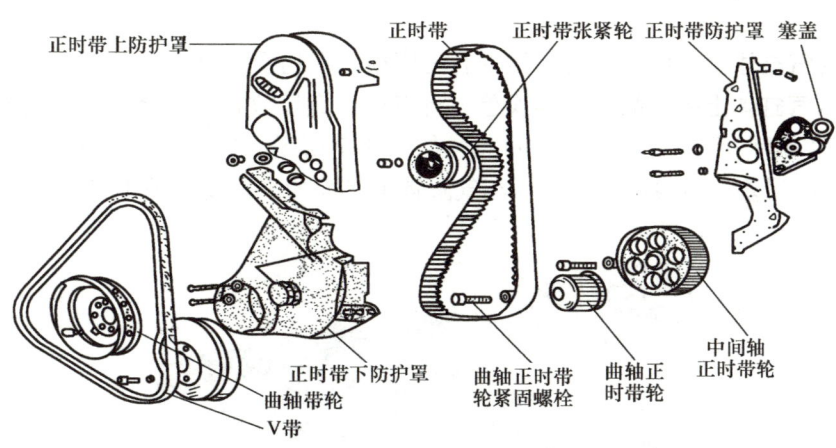

图 4-5　发动机前端零部件

2）拆卸水泵、发电机、起动机、分电器、燃油泵、机油滤清器、进气歧管、火花塞等。

3. 发动机机体解体

1）放出油底壳内的润滑油，拆下油底壳，更换润滑油密封衬垫。
2）拆卸机油泵、机油滤清器。
3）拆卸气门室罩，更换气门室罩密封垫。
4）拆下气缸盖。其螺栓应从两端向中间分次、交叉拧松，拆卸顺序如图 4-6 所示。

气缸盖螺栓的拆卸顺序

气缸盖平面度的检查

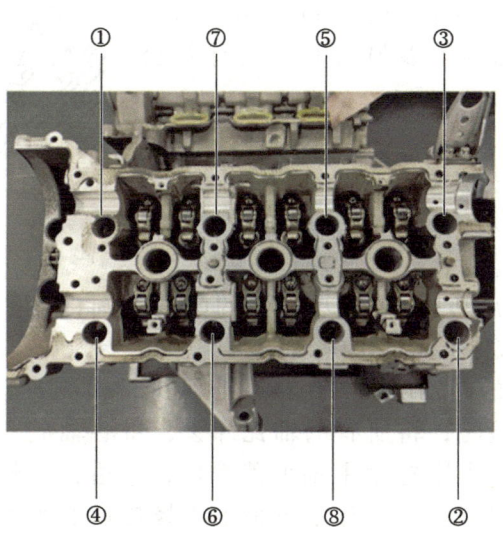

图 4-6　气缸盖螺栓的拆卸顺序

（二）气缸体检验及缸体平面修理

检验前，应彻底清理气缸体上、下平面及内、外部的油污、积炭和水垢，使用刮刀将气缸体接触表面上所有衬垫材料清除掉（注意不要刮伤表面），消除毛刺并铲平或刮平螺孔周围的轻微凸起。

1. 气缸体上平面的检验

（1）**检验气缸体上平面的外观** 检查有无磨损、损伤及裂纹。

（2）**检测气缸体上平面的平面度误差** 将刀口形直尺放在气缸体上平面的6个位置上，用塞尺测量刀口形直尺与上平面间的间隙，如图4-7所示。塞入塞尺的最大厚度值是变形量，即为平面度误差。检验标准是：轿车气缸体上平面的平面度误差不大于0.15mm。

图4-7 气缸体上平面的平面度检测

2. 气缸体主轴承座孔的检验

1）对主轴承座孔外观进行初步检验，检查有无磨损、拉伤及裂纹。

2）将主轴承盖装上并按规定力矩拧紧螺栓。

3）检测主轴承座孔圆度及圆柱度。用内径量表沿圆周测量两点，沿轴线方向测量两处，如图4-8所示。

4）计算主轴承座孔圆度及圆柱度。其计算公式为：

圆度 = $(D_{max} - D_{min})/2$，D_{max}、D_{min} 分别为同一横截面内最大、最小测量直径；

圆柱度 = $(D_{max} - D_{min})/2$，D_{max}、D_{min} 分别为全部测量值中的最大、最小直径。

图4-8 气缸体主轴承座孔检测

检验标准（以轿车为例）为主轴承座孔的圆度及圆柱度：对于铸铁气缸体不大于0.01mm，对于铝合金气缸体不大于0.015mm。

5）检测主轴承座孔的同轴度。可用标准心轴进行检测，心轴的直径应比主轴承座孔径的最小尺寸小。检验时，将所有的轴瓦卸去，将心轴放入，然后从中间开始逐个将主轴承盖装上，按规定力矩拧紧主轴承盖螺栓，一边拧紧螺栓，一边转动心轴，找出各主轴承孔的同轴度误差。如果拧紧主轴承盖螺栓后心轴不能转动，则此孔同轴度误差超过检验标准。在实际修理中，可用配套的标准曲轴代替心轴，但应按规定装配主轴承盖。

3. 气缸体螺纹的检验

1）对螺纹外观进行初步检验，检查有无拉伤、滑行脱牙。螺纹的拉伤不应多于两牙。

2）检查螺孔孔口，其周围应无明显凸起。对于主要部位的螺纹，将标准螺栓用手拧入2/3以上深度时，应无明显的松旷感。

4. 缸体平面修理

1）对于气缸体上、下平面翘曲变形量较大的情况，采用铣削或磨削的方法来修整。

① 选择定位基准。为保证气缸轴线与主轴承座孔中心线的垂直度，应选择气缸体主轴承座孔中心线为基准；如果气缸体底平面变形小，也可作为定位基准。此时，应对气缸下平面进行检验和修整。

② 将气缸体竖直地放在铣床或磨床平台的两块垫铁上，两块垫铁分别支承在第一道和最后一道轴承盖的结合面上，使其贴合好并装夹牢固。

③ 进行平面的铣削或磨削。总磨削量不宜过大，以 0.24~0.50mm 为宜，否则将使气缸压缩比的变化过大。

2）对于气缸体上、下平面变形量不大的情况，可采用下述两种方法来修整。

① 用铲削的方法进行修平。用铲刀修刮气缸体平面的凸出部分，应一边检查一边铲刮，直至平面度达到技术要求为止。

② 用研磨的方法进行修平。在气缸体平面上涂些研磨膏，把气缸盖放在气缸体上扣合研磨修复，直至平面度达到技术要求为止。

（三）机体组的装配

装配时，按照与拆卸相反的顺序进行，各部件应按规定力矩拧紧。注意转动凸轮轴时，曲轴不得位于使活塞处于上止点的位置，以免损坏气门或活塞顶部。

1）安装油底壳，安装机油滤清器、机油泵。

2）安装气缸盖，其螺栓应从中间向两端拧紧，顺序如图 4-9 所示。一般应预紧所有螺栓至 40N·m，然后用扳手将所有螺栓拧紧 1/4 圈，最后将所有螺栓拧紧 1/4 圈。

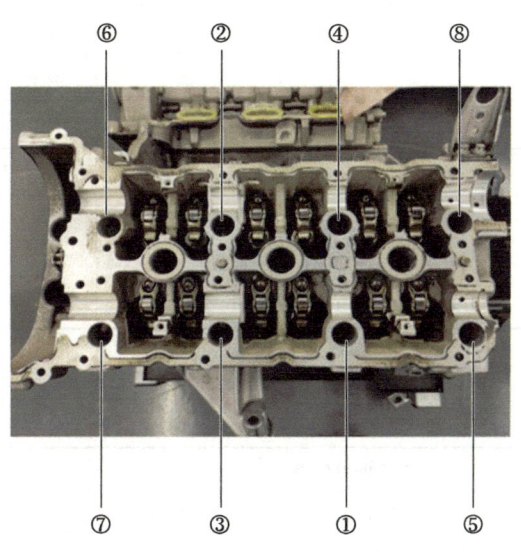

图 4-9 气缸盖螺栓装配顺序

3）注意正时标记，装上正时带，检查、调整其松紧度。

4）装复发动机的外部附件。

5）安装 V 带及正时带，检查正时带的张紧度。

六、注意事项

1）在拆卸与拧紧气缸盖螺栓时，应按照规定进行。
2）拆卸正时带后，不得随意转动凸轮轴。
3）观察气缸垫的安装方向（OPEN、TOP 向上），装配时严禁装反。
4）观察装配标记并做好装配记号，安装时按照记号装配。

七、学习评价

	自我反思	自我评价	存在问题及解决方案
自我反思与自我评价	是否掌握了机体组的拆装方法及步骤	是□ 否□	
	是否掌握了气缸体检验及缸体平面的修理方法	是□ 否□	
	是否能独自装配机体组	是□ 否□	
	是否愿意将自己的理解和建议与小组成员沟通和探讨	是□ 否□	
	是否愿意接受其他成员的建议	是□ 否□	
	是否通过学习该任务获得了经验	是□ 否□	
	是否希望继续和组内成员合作完成其他任务	是□ 否□	
	评价项目	评价等级	存在问题和解决方案
小组评价	参与度	☆☆☆☆☆	
	完成度	☆☆☆☆☆	
	贡献度	☆☆☆☆☆	
	发言量	☆☆☆☆☆	
	沟通交流	☆☆☆☆☆	
	优点	不足	存在问题和解决方案
教师评价			

八、任务评分

项目	评分标准	分值	得分
接受任务	明确工作任务，理解任务在企业工作中的重要程度	5	
收集信息	完整、准确地收集信息资料	5	
制订计划	按照工作规范及要求制订合适的行动计划	5	
	能协同小组人员安排任务分工	5	
	能在计划实施前准备好需要的工具和器材	5	

（续）

项目	评分标准	分值	得分
计划实施	遵守安全操作规程，正确使用工具、量具，操作现场整洁	5	
	安全防护、劳动防护	5	
	拆卸机体组	10	
	说出缸体平面的修理方法	5	
	测量气缸体上平面的平面度	10	
	测量气缸体主轴承座孔的圆度及圆柱度	10	
	装配机体组	10	
质量检查	操作过程规范，操作结束后能对现场进行整理	10	
评价反馈	能对自身表现情况进行客观评价	5	
	能在任务实施过程中发现自身存在的问题	5	
合计		100	

任务五　拆装及检测活塞连杆组（一）

一、任务描述

某轿车进厂修理，客户反映此车发动机怠速时，在气缸的上部产生清晰的"嗒嗒嗒"敲击声。经检查试车，初步判定为发动机活塞敲缸，需对发动机进行解体检修。

二、任务目标

1. 知识目标

1）掌握活塞连杆组的组成和结构特点。
2）掌握活塞与气缸配合间隙和偏缸的检测方法。

2. 技能目标

1）能正确进行活塞连杆组的拆装。
2）能准确测量气缸和活塞直径。
3）能准确检测出偏缸的方向及大小。

3. 素养目标

1）培养学生的社会责任感。
2）提升学生标准、规范意识和精益求精的职业素养。

三、设备器材和技术要求

1. 设备器材

典型车型的发动机、内径百分表、千分尺、塞尺、活塞环、活塞销卡环、活塞销拆装专用工具、活塞环三隙检验用的量具、常用拆装套筒等。

2. 技术要求

序号	检查项目	技术要求
1	直径为100mm的铸铁活塞的活塞与气缸间隙	0.05～0.07mm
2	直径为100mm的铝合金活塞的活塞与气缸间隙	0.06～0.10mm
3	小型汽车气缸磨损量	≤0.15mm
4	中型汽车气缸磨损量	≤0.2mm
5	活塞偏缸的偏斜量（在100mm的长度范围内）	≤0.03mm
6	连杆螺母的拧紧力矩	M9×1：45N·m；M8×1：30N·m

四、相关知识

活塞连杆组由活塞、活塞环、活塞销、连杆和连杆轴瓦等组成（图5-1）。

活塞是发动机的重要传力机构，活塞与气缸盖、气缸形成密闭的容器，保证工作过程的顺利进行，同时将燃气压力变为动力通过连杆传给曲轴输出。

根据活塞的工作条件，对活塞的要求：
1）有足够的刚度、强度和耐热性，以承受燃气的高温、高压。
2）加工精度要求高，保证密封而不增加磨损。
3）尽量减小质量，以减少惯性载荷。
4）润滑性和耐磨性良好，以提高使用寿命。

铝合金材料基本上满足上面的要求，因此，活塞一般都采用高强度铝合金制成。

活塞的基本结构可分为顶部、头部和裙部3部分（图5-2）。

(1) 活塞顶部 活塞顶部形成燃烧室的底部，主要有平顶、凹顶和凸顶等几种形式，具体形状取决于燃烧室的要求。

(2) 活塞头部 活塞头部是活塞环槽以上的部分。其主要作用有①承受压力并传给连杆；②与活塞环一起实现气缸的密封；③将活塞顶吸收的热量通过活塞环传导到气缸壁上。头部切有若干道用以安装活塞环的环槽。汽油机一般有2~3道环槽，上面1~2道用以安装气环，下面一道用以安装油环。

(3) 活塞裙部 自油环槽下端面起至活塞底面的部分称为活塞裙部，其作用是为活塞在气缸内做往复运动导向和承受侧压力。

活塞连杆组的拆卸

活塞环的拆卸

气缸内径的测量

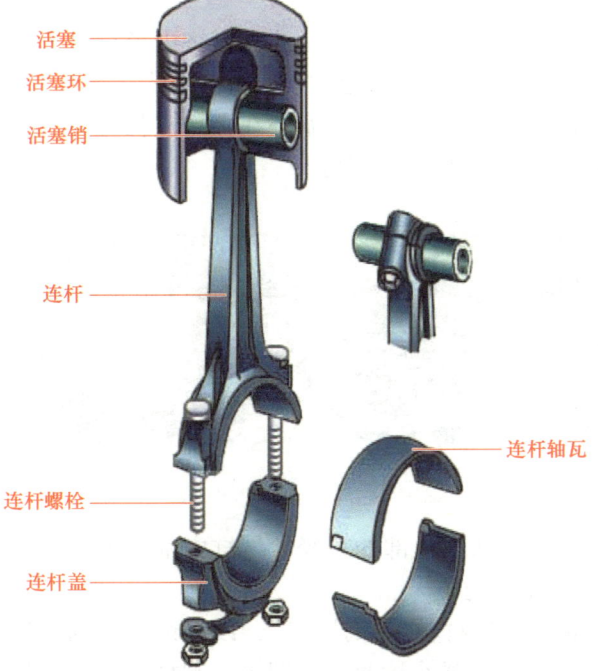

图 5-1 活塞连杆组的组成

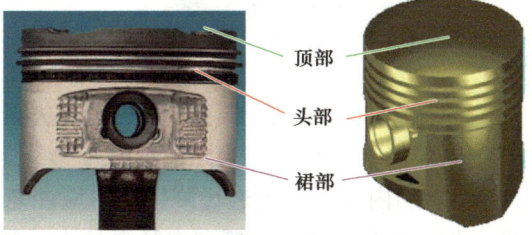

图 5-2 活塞的基本结构

五、任务实施

（一）活塞连杆组的分解

1. 活塞连杆组的拆卸

1）按照由上至下的顺序拆卸外围附件。
2）拆卸缸盖。注意将缸盖螺栓按照由两端向中间对称地分数次旋松，以免缸盖变形。

3）拆卸油底壳。

4）检查活塞顶部的装配标记。若无，则打上标记并标明气缸号（从带盘端计起）。

5）转动曲轴，将准备拆卸的连杆相对应的活塞转至下止点。

6）拆下连杆螺母，取下连杆大头盖、轴承并按次序放好。

7）用橡胶锤或锤子木柄推出活塞连杆组（应事先刮去气缸上的台阶，以免损坏活塞环）。注意不要倾斜，不要硬撬、硬敲，以免损坏气缸。

8）取出活塞连杆组后，应将连杆轴承盖、螺栓、螺母按原位装回，检查连杆的装配标记。标记应朝向带盘，连杆和连杆大头盖上打上对应缸号。

2. 活塞连杆组的分解

1）用活塞环装卸钳拆下活塞环，如图5-3所示。观察活塞环上的标记，"TOP"朝向活塞顶。

2）拆卸活塞，加热到60℃，拆下活塞销。

（二）活塞与气缸配合间隙及偏缸的检测

1. 检测活塞与气缸配合间隙

（1）测量气缸内径

1）根据气缸内径的尺寸选择合适的测量接杆，将其固定在内径百分表杆的下端。接杆固定好后与活动测杆的总长度应与被测气缸的尺寸相适应。

2）校正内径百分表的尺寸，将千分尺校正到被测气缸的标准尺寸，再将内径百分表校准到千分尺的尺寸并使伸缩杆有2mm左右的压缩行程，旋转表盘，使表针对正零位。

3）将内径百分表的测杆伸入到气缸上部（图5-4），对准第1道活塞环在上止点位置时所对应的气缸壁，分别测量垂直和平行于曲轴轴线方向的气缸直径即可。

活塞直径的测量

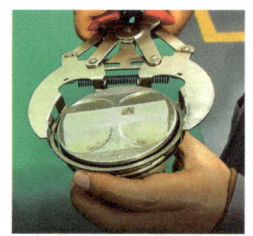

图 5-3 活塞环的拆卸

图 5-4 量缸

4）将内径百分表下移，用同样方法测量气缸中部和下部的直径。气缸中部为上、下止点中间位置，气缸下部为距离气缸下边缘10mm左右处。

5）用内径百分表进行测量时，应注意使测杆与气缸轴线保持垂直，以保证测量的准确性，如图5-5所示。当摆动内径百分表，其指针指示到最小读数时，即表示测杆已垂直于气缸轴线，这时才能记录读数；否则，测量不准确。

在上述测量中，其最大、最小读数即为某气缸的最大缸径 D_{max}、最小缸径 D_{min}。

6）计算气缸的圆度和圆柱度：

圆度 = $(D_{max}-D_{min})/2$，D_{max}、D_{min} 分别为同一横截面内最大、最小测量直径。

圆柱度 = $(D_{max}-D_{min})/2$，D_{max}、D_{min} 分别为全部测量值中的最大、最小直径。

（2）测量活塞直径 用外径千分尺从活塞裙部底边向上约15mm处测量活塞的横向（即垂直于活塞销）直径 d，如图5-6所示。

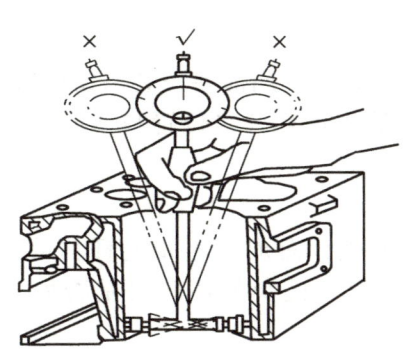

图 5-5 内径百分表的使用方法

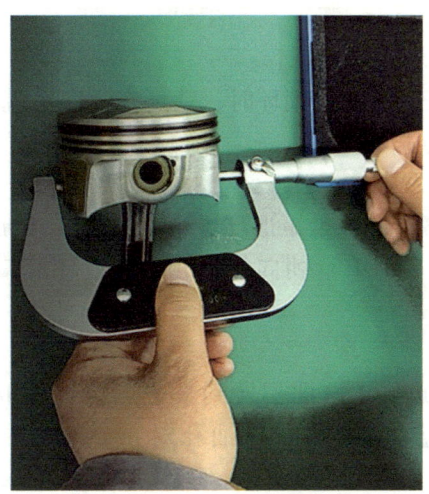

图 5-6 活塞直径的测量

(3) 计算活塞与气缸的配合间隙

$$\Delta_{\min} = D_{\min} - d$$
$$\Delta_{\max} = D_{\max} - d$$

(4) 活塞与气缸间隙标准 直径为100mm的铸铁活塞取0.05~0.07mm；直径为100mm的铝合金活塞取0.06~0.10mm。活塞与气缸配合间隙既不能过大，也不能过小。如果间隙过小，随着发动机温度的上升，由于活塞的膨胀，将引起"粘缸"；相反，若间隙过大，将出现活塞敲缸和窜气现象。如果测量计算所得的活塞与气缸间隙超过上述标准，则可根据气缸磨损量（$D_{\max}-D_{\min}$）的大小判定是否需进行镗缸。当小型汽车气缸磨损量超过0.15mm、中型汽车超过0.2mm时，需进行镗缸。如果不超过上述范围，只需更换活塞环。

2. 活塞偏缸的检测

偏缸指活塞在气缸中沿活塞顶圆周方向与气缸的间隙大小不等的现象，俗称"困缸"。它将造成气缸内壁一侧的偏磨，使密封性不良、曲柄连杆机构加速磨损，特别是气缸内壁的加剧磨损。活塞偏缸的检测步骤如下：

1）将不带活塞环的活塞连杆组合件按规定装入气缸中，主轴承盖和连杆轴承盖按规定力矩拧紧，转动曲轴，使活塞处于上（或下）止点。

2）检查连杆小端两侧与活塞销座座孔内端两侧的距离、活塞与缸壁的距离是否相同。如果不同，则是气缸轴线产生了偏移或活塞连杆组件有了偏斜。

3）用塞尺测量活塞头部各方向与气缸壁间的间隙。若间隙相同，即表示装配合适；若相对间隙相差很大，甚至在某一方向没有间隙，即表示有偏缸现象。另外，可根据修理经验从气缸下体查看其漏光情况来判断是否偏缸。

4）活塞偏缸检验标准为偏斜量在100mm长度范围内不大于0.03mm。

3. 活塞椭圆度的检测

许多活塞都制成椭圆形，其短轴在活塞销方向上。活塞圆度的检测应在圆度检验仪上进行。其圆度的值应为0.40mm。

(三）活塞连杆组的装配

1. 安装活塞销锁环

安装活塞销锁环时，锁环与活塞销端面应有 0.15mm 的间隙，以满足活塞销和活塞热胀冷缩的需要。

2. 安装活塞环

第 1 道环是矩形环，第 2 道环是锥形环，油环为组合环，用活塞环装卸钳依次装好。注意："TOP"朝向活塞顶，3 道环开口错开 120°，第 1 道环开口位置与活塞销中心错开 45°。

3. 将活塞连杆组件装入气缸

1）将 1 缸曲柄转到下止点位置，取下 1 缸的活塞连杆总成（不带连杆轴承盖，上瓦片应放在座内，将油孔对正），将各部位进行预润滑，检验各环开口是否处于规定方位。

2）用夹具收紧各环。按活塞顶装配标记将活塞连杆从气缸顶部装入缸筒，用手引导连杆使其对准连杆轴颈，用木锤柄将活塞推入。

3）按装配标记装合 1 缸连杆轴承盖及轴瓦，并按规定力矩交替拧紧连杆螺母。

拧紧力矩：M9×1　　　　45N·m
　　　　　M8×1　　　　30N·m

4）按上述方法，顺序装合各缸活塞连杆组。

六、注意事项

1）安装活塞和连杆时，应细致观察，认清标记，对正方向。
2）仔细观察活塞环的安装方向（TOP 向上），装配时按照规定严禁装反。
3）仔细观察装配标记，并做好装配记号。安装时，严格按照记号装配。
4）操作过程中注意人身安全。

七、学习评价

	自我反思	自我评价	存在问题及解决方案
自我反思与自我评价	是否掌握了活塞连杆组的拆卸方法及步骤	是□　否□	
	是否掌握了活塞与气缸配合间隙的检测方法	是□　否□	
	是否掌握了活塞偏缸的检测方法	是□　否□	
	是否能独自装配活塞连杆组	是□　否□	
	是否愿意将自己的理解和建议与小组成员沟通和探讨	是□　否□	
	是否愿意接受其他成员的建议	是□　否□	
	是否通过学习该任务获得了经验	是□　否□	
	是否希望继续和组内成员合作完成其他任务	是□　否□	

（续）

	评价项目	评价等级	存在问题和解决方案
小组评价	参与度	☆☆☆☆☆	
	完成度	☆☆☆☆☆	
	贡献度	☆☆☆☆☆	
	发言量	☆☆☆☆☆	
	沟通交流	☆☆☆☆☆	
教师评价	优点	不足	存在问题和解决方案

八、任务评分

项目	评分标准	分值	得分
接受任务	明确工作任务，理解任务在企业工作中的重要程度	5	
收集信息	完整、准确地收集信息资料	5	
制订计划	按照工作规范及要求制订合适的行动计划	5	
	能协同小组人员安排任务分工	5	
	能在计划实施前准备好需要的工具和器材	5	
计划实施	遵守安全操作规程，正确使用工具、量具，操作现场整洁	5	
	安全防护、劳动防护	5	
	活塞连杆组的拆卸与分解	10	
	测量气缸内径	5	
	计算气缸的圆度及圆柱度	5	
	测量活塞直径并计算活塞与气缸的配合间隙	5	
	测量活塞偏缸量	5	
	检测活塞椭圆度	5	
	装配活塞连杆组	10	
质量检查	操作过程规范，操作结束后能对现场进行整理	10	
评价反馈	能对自身表现情况进行客观评价	5	
	能在任务实施过程中发现自身存在的问题	5	
合计		100	

任务六　拆装及检测活塞连杆组（二）

一、任务描述

某轿车进厂维修，客户反映此车动力不足，发动机运行正常，功率没有明显下降，但机油消耗量急剧增加。经检查试车，初步判定是活塞连杆出现故障所致，需对发动机进行解体检修。

二、任务目标

1. 知识目标

1）掌握活塞环的组成、结构特点和工作原理。
2）掌握连杆的组成与结构特点。

2. 技能目标

1）能正确测量活塞环的三隙。
2）能正确选配、安装活塞销。
3）能准确检测出连杆的各种弯、扭变形。

3. 素养目标

1）锻炼学生科学的思维方式和职业素养、细致的工作作风，树立敬业精神，增强职业道德意识。
2）培养学生的社会责任感。
3）提升学生团结合作、积极进取的意识。

三、设备器材和技术要求

1. 设备器材

待测连杆及活塞销、活塞、活塞环、与活塞配套的气缸、清洗剂、油盆、钢丝刷、连杆检验仪、活塞环弹力检验器、塞尺、千分尺、内径量表、活塞环装卸钳、刮刀、维修工具、电加热器。

2. 技术要求

序号	检查项目	技术要求
1	连杆在100mm长度上的弯曲度值	≤0.03mm
2	连杆在100mm长度上的扭曲度值	≤0.06mm
3	活塞环漏光弧长对应圆心角	≤25°
4	同一活塞环漏光弧长对应圆心角总和	≤45°
5	活塞环漏光缝隙	≤0.03mm
6	每100mm活塞环端隙	0.25~0.45mm
7	活塞环侧隙	0.02~0.07mm

(续)

序号	检查项目	技术要求
8	活塞环背隙	0~0.35mm
9	活塞销外圆圆度和圆柱度误差	≤0.005mm
10	活塞销外表面粗糙度 Ra 值	<0.2mm
11	全浮式配合的活塞销的配合间隙	0.0025~0.005mm
12	半浮式配合的活塞销的过盈量	0.003mm

四、相关知识

1. 活塞环

活塞环分为气环和油环（图6-1）。

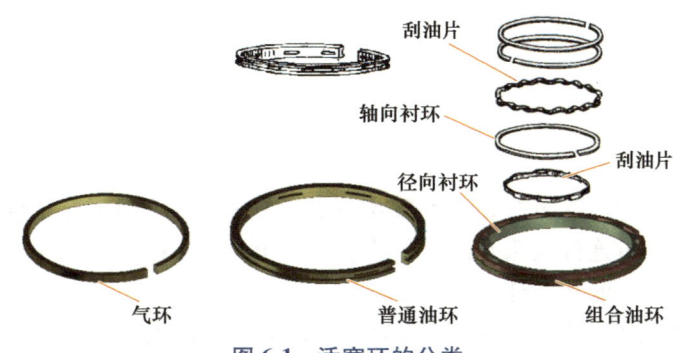

图6-1 活塞环的分类

气环的作用是保证活塞和气缸壁间的密封，还可将活塞顶部的大部分热量传导到气缸壁，再由冷却液或空气带走。通常每个活塞装有2~3道气环。气环按断面形状分有矩形环、锥形环、扭曲环、梯形环和桶形环。

油环用来刮除气缸壁上多余的润滑油，并在气缸壁上铺涂一层均匀的润滑油膜。此外，油环可起到封气的辅助作用。通常每个活塞有1~2道油环。油环分为整体式和组合式两种。

2. 活塞环的三隙

发动机工作时，活塞、活塞环都会发生热膨胀。活塞环既相对于气缸上下运动，又相对于活塞横向移动，因此活塞环在安装时应留有端隙、侧隙、背隙3处间隙。

（1）**端隙** 指活塞环平装在气缸内时两端头的间隙（开口处呈现的间隙），是为防止活塞环受热膨胀卡死在气缸内而设置的。

（2）**侧隙** 又称边隙，指活塞环与环横侧壁之间的间隙。

（3）**背隙** 指活塞与活塞环装入气缸后，活塞环内圆柱面与活塞环槽底面的间隙。背隙可加强活塞环工作面的密封作用。

（4）**活塞环的检验** 包括活塞环弹力检验、活塞环的漏光度检验和活塞环三隙的检验。

3. 活塞销

（1）**功用** 连接活塞与连杆，并将活塞所受的燃气压力传给连杆。

（2）工作条件 活塞销承受着很大的周期性的冲击载荷，为此，要求活塞销有足够的强度和刚度。

（3）分类 按活塞销与活塞销座的连接形式分为全浮式活塞销和半浮式活塞销。

4. 连杆组

连杆是活塞与曲轴连接的部件，其功用是将活塞承受的力传给曲轴，并将活塞的往复运动变为曲轴的旋转运动。

连杆分为大头、小头和杆身三部分。

（1）连杆小头 连杆小头除传力外还相对于活塞销做往复摆动。因此，在要求强度和刚度的同时还要求耐磨和减少摩擦力，为此一般在连杆小头孔中压入减摩的青铜衬套。

（2）连杆杆身 连杆杆身承受交变载荷的作用，因此连杆杆身大部分采用"工"字形断面。

（3）连杆大头 连杆大头与曲轴上的连杆轴颈相连接，因此要求有足够的强度和刚度，以保证整机的可靠性。

五、任务实施

（一）连杆检测

1. 连杆大头孔的检测

1）将连杆大头的轴承盖装好，不装轴承（瓦），并按规定力矩拧紧螺栓、螺母。

2）用内径量表测量连杆大头孔的一组直径（4个），测量位置如图 6-2 所示的 $A_前$、$B_前$、$A_后$、$B_后$，按下式计算圆度和圆柱度：

圆度 $=(D_{max}-D_{min})/2$，D_{max}、D_{min} 分别为同一横截面内最大、最小测量直径。

圆柱度 $=(D_{max}-D_{min})/2$，D_{max}、D_{min} 分别为全部测量值中的最大、最小直径。

2. 连杆变形的检测

连杆变形的检测可在连杆检验仪中的直线度检验仪上进行，如图 6-3 所示。直线度检验仪由检验平板、可调心轴、三点量规等组成。

1）将连杆大头的轴承盖装好，不装轴承（瓦），并按规定力矩拧紧螺栓、螺母。

2）检查连杆大、小头孔有无损伤，确认大头轴承孔的圆度、圆柱度是否符合技术要求。

3）装上已经铰配好的活塞销。

4）将连杆大头装到直线度检验仪的可调心轴上，使心轴定心块向外扩张，把连杆固定在检验仪上。

5）将带有 V 形块的三点量规轻轻跨放在连杆小头的活塞销上，轻轻移动，使三点量规的测点接触检验平板。三点量规上的 3 个测点共面，且与 V 形块垂直，下面两测点间的距离为 100mm，上测点与两下测点连线的垂直距离为 100mm。

6）用塞尺测量三点量规的各测点与检验平板间的间隙值并记录数据，即可判断连杆的弯曲、扭曲的变形情况。

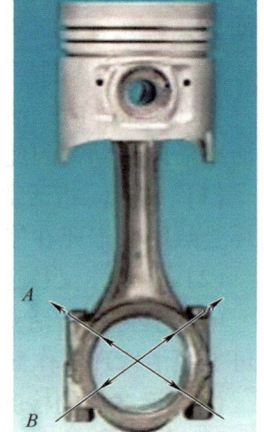

图 6-2 连杆大头孔的检测

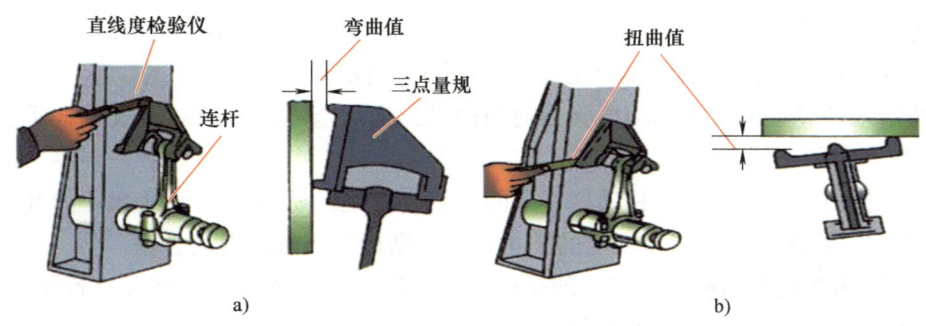

图 6-3 连杆弯曲、扭曲的检测
a) 弯曲检测 b) 扭曲检测

① 竖直：检测时，如果三点量规的 3 个测点都与检验平板接触，说明连杆既无弯曲也无扭曲。

② 弯曲：若上测点与平板接触、下面两测点与平板不接触，且与平板的间隙相等，或下面的两测点与平板接触而上测点与平板不接触，则表明连杆发生了弯曲。这时测得的间隙值即为连杆在 100mm 长度上的弯曲度值。如果上测点与两下测点连线的垂直距离不是 100mm，而是 a（mm），则将测得的间隙值折算到 100mm 上得到的间隙值即为弯曲度值。其计算公式为

$$弯曲度 = 间隙值 \times 100 / a$$

③ 扭曲：如果只有一个下测点与平板相接触，且上测点与平板的间隙等于另一个测点与平板间隙的一半，此时，下测点与平板的间隙值即为连杆在 100mm 长度上的扭曲度值。如果下面两测点间的距离不是 100mm，则将测得的间隙值折算到 100mm 上得到的间隙值即为扭曲度值。

④ 弯、扭并存：当一个下测点与平板接触时，另一个下测点与平板的间隙即为连杆在 100mm 长度上的扭曲度值；上测点与平板的间隙和下测点与平板间隙的一半的差值，即为连杆在 100mm 长度上的弯曲度值。如果只有一个上测点与平板接触时，两下测点与平板的间隙差为扭曲度值；两下测点与平板的间隙和值的一半为弯曲度值。如果上测点到两下测点连线的垂直距离、下面两测点间的距离不是 100mm，则将测得的间隙值折算到 100mm 上得到的间隙值即为弯曲度值、扭曲度值。

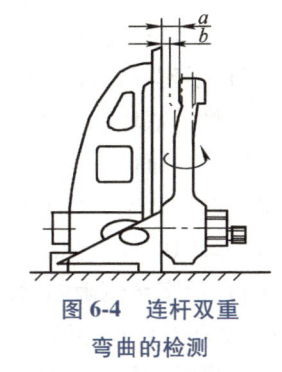

图 6-4 连杆双重弯曲的检测

⑤ 双重弯曲：如图 6-4 所示，检测时，将连杆大头端面与平板靠紧，测出连杆小头端面与平板的距离 a；将连杆翻转 180°，用同样的方法测出距离 b。若两次测得的数值不等，说明连杆有双重弯曲，两次测得的数值之差（$a-b$）即为双重弯曲值。

连杆在 100mm 长度上的弯曲度值应不大于 0.03mm，扭曲度值应不大于 0.06mm。超过标准数值时，应进行连杆校正。

（二）活塞环的检测与装配

1. 活塞环的检测

（1）活塞环弹力的检测　活塞环的适当弹力是保证气缸密封性的主要条件之一。若弹

力过大，会增加摩擦损耗；若弹力过小，不能起到良好的密封作用，会引起气缸漏气、窜油。活塞环的弹力检测应在检验器上进行，如图6-5所示。

1）将活塞环竖直地放在弹力检验器的凹槽里，把活塞环的开口间隙放置在垂直于杠杆向外的位置。

2）将杠杆压在活塞环上，移动杠杆上的量块，按规定所需的力使活塞环的开口端隙压至标准数值时，若弹力大小符合规定的技术要求，则活塞环的弹性为合格。

(2) 活塞环漏光度的检测　其目的是查看活塞环与气缸壁的贴合情况。若漏光度过大，活塞环局部接触面积小，易造成漏气和润滑油上窜现象。选配活塞环时，应进行漏光的检测。

活塞环端隙的检测

1）将活塞环平置于气缸内，再将活塞环内圈用轻质盖板盖住（以盖板外缘不接触气缸壁为准），在气缸下部放置光源，如图6-6所示。

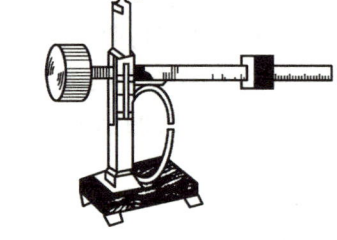
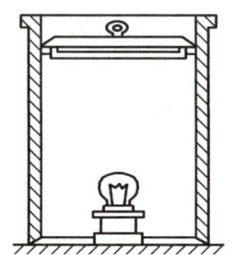

图6-5　活塞环弹力检测　　　　　图6-6　活塞环漏光度检测

活塞环侧隙的检测

2）活塞环漏光度的一般技术要求：在活塞环开口端左、右30°范围内不允许有漏光现象，同一根活塞环上的漏光不应多于两处，每处漏光弧长所对应的圆心角不得超过25°，同一活塞环上的漏光弧长所对应的圆心角总和不超过45°，漏光处的缝隙应不大于0.03mm。

(3) 活塞环端隙的检测

1）将活塞环置于待配的气缸内，用活塞顶部将活塞环推到气缸下部未磨损处，使环平行于气缸体平面。

2）取出活塞，用塞尺插入开口处进行测量，如图6-7所示。

3）端隙的技术标准：缸径每100mm，端隙为0.25～0.45mm。

(4) 活塞环侧隙的检测　若侧隙过大，将影响活塞环的密封作用；若侧隙过小，则可能使活塞环卡死在环槽内，造成拉缸事故。

1）将活塞环放在环槽内，围绕环槽转动1周，活塞环应能自由转动，既不松动又无阻滞现象。

2）用塞尺测量其间隙的大小，如图6-8所示，应符合技术要求。

3）侧隙的技术标准：轿车活塞环侧隙一般为0.02～0.07mm。

(5) 活塞环背隙的检测

1）用游标卡尺的深度尺测量活塞环槽深度。

2）用游标卡尺测量活塞环宽度。

3）活塞环槽深度与环宽度的差值即为背隙值。检测的背隙值应符合规定的技术要求。

4）背隙的技术标准：轿车活塞环背隙一般为 0~0.35mm。

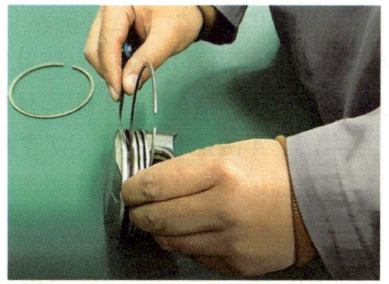

图 6-7 活塞环端隙的检测　　　　　图 6-8 活塞环侧隙的检测

2. 活塞环的装配

活塞环经过上述的检测合格后，就可以装配到活塞上了。

(1) 清洗活塞

1）使用衬垫刮刀将活塞顶部积炭清理掉，如图 6-9a 所示。

2）用带槽的清理工具或断环清理活塞环槽，如图 6-9b 所示。

3）用溶剂和刷子彻底清洗活塞，如图 6-9c 所示。注意不要使用钢丝刷。

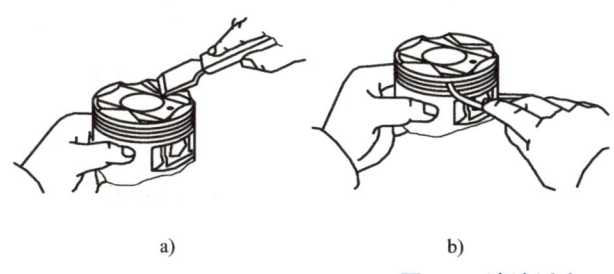
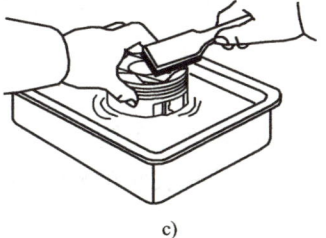
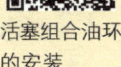

活塞组合油环的安装

图 6-9 清洗活塞

(2) 安装活塞环　按油环和气环的顺序逐个装配。

1）油环安装：普通油环用手直接安装，如图 6-10 所示；对于组合式（三片式）油环的装配，首先选择适当的油环扩张器（胀簧架或膨胀环），将油环装入活塞环槽内，再装上、下刮片，先将刮片一端装入活塞环槽内，利用手指将剩余部分慢慢细心地压入槽内。

2）气环安装：安装时，要使用活塞环装卸钳并使有字的一面朝上（图 6-11），不可装反；否则，将引起漏气、窜油。

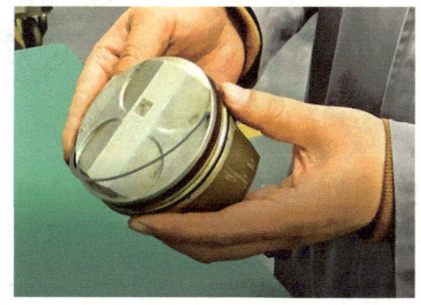

图 6-10 油环的安装　　　　　图 6-11 气环的安装

3）环口位置的布置：活塞环各环口位置应正确地按圆周均匀分布，不能将端口重叠，否则会造成漏气、窜油。第1道环的端口应位于活塞销中心线相交的45°处；若活塞环是3道环的，则第1、2两道环的端口应彼此错开120°，第2、3两道环的端口应彼此错开120°；若活塞环是4道环的，则第1、2两道环的端口应彼此错开180°，第2、3两道环的端口应彼此错开90°，第3、4两道环的端口应彼此错开90°，如图6-12所示。

（三）活塞销的检测与装配

1. 活塞销的检测

1）用外径千分尺检测活塞销外圆圆度和圆柱度，如图6-13所示，其误差一般不得大于0.005mm。

气环的安装

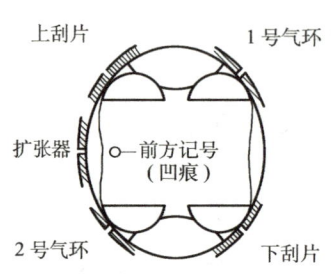

图6-12 活塞环端口位置布置

图6-13 检测活塞销

2）活塞销表面应无锈蚀、斑点和伤痕。

3）活塞销的外表面粗糙度 Ra 值一般应小于0.2mm，以便保持和支撑油膜。

2. 活塞销的装配

1）把活塞浸入温度为60~80℃的油中加热，如图6-14所示。

2）在活塞销上涂一层润滑油。

3）对正活塞与连杆上的前方记号，如图6-15所示。

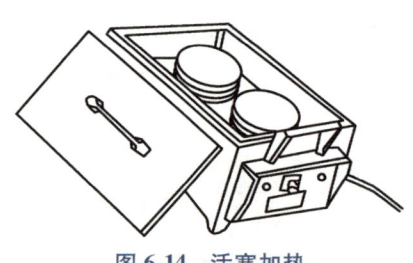

图6-14 活塞加热

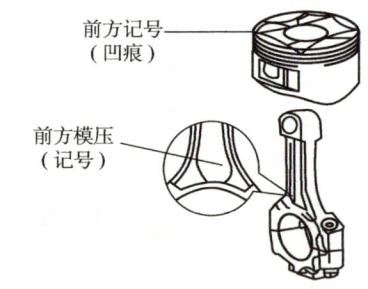

图6-15 对正活塞与连杆上的前方记号

4）对于轻金属活塞（如铝合金活塞），活塞销与销座孔、连杆小头一般采用全浮式的配合方式，如图6-16所示。其配合间隙一般为0.0025~0.005mm。装配时，用大拇指即可把活塞销压入活塞销座孔内，如图6-17所示。用尖嘴钳夹紧活塞销挡圈，把它压缩到能进入环槽即可，如图6-18所示。用尖嘴钳调整挡圈的开口方向，使它朝向活塞裙部（因为活塞运行时，挡圈上部应力最大）。

项目二 曲柄连杆机构的拆装及检测

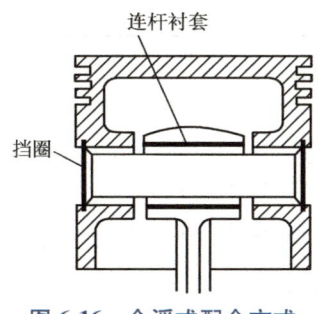

图 6-16 全浮式配合方式

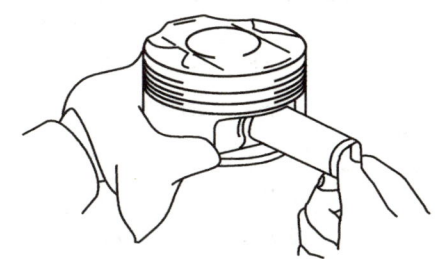

图 6-17 活塞销的装配

对于铸铁活塞，活塞销与销座孔、连杆小头一般采用半浮式的配合方式。活塞销夹紧在连杆小头中，活塞销可以在活塞销座孔内微量转动，如图 6-19a 所示；活塞销固定在活塞上，连杆可在活塞销上微量转动，如图 6-19b 所示。还有一种半浮式的配合方式，采用活塞销与活塞销座孔或与连杆小头过盈配合，其配合过盈量一般为 0.003mm。装配活塞销时，用木锤将销敲进活塞销座孔内。

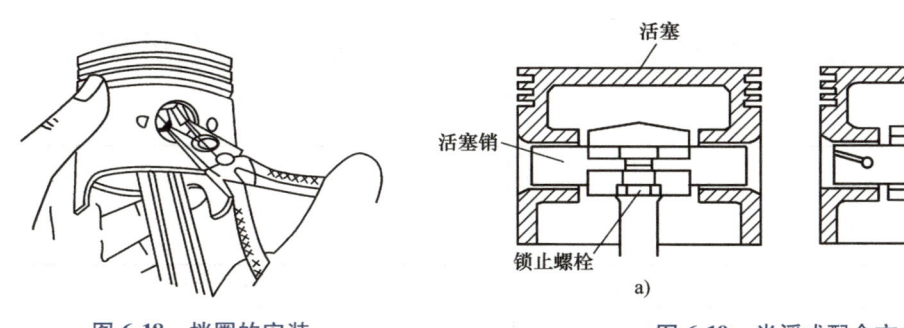

图 6-18 挡圈的安装

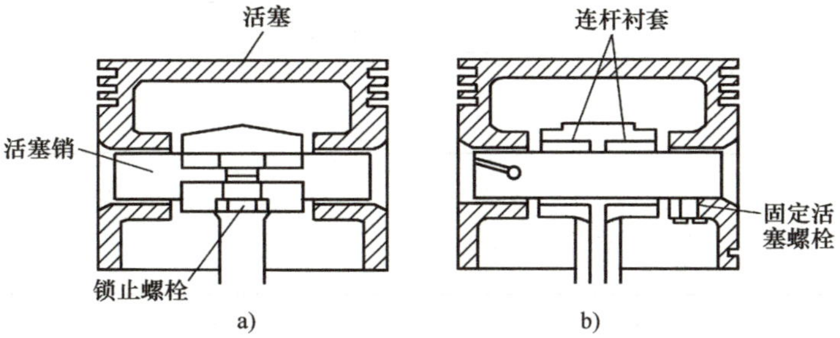

图 6-19 半浮式配合方式
a）固定连杆小头 b）固定活塞

六、注意事项

1）安装活塞销时，要按照操作规范使用专用工具或加热到 60℃ 进行。
2）活塞销挡圈开口要与活塞销孔上的缺口错开。
3）操作过程中要严谨细致，确保 3 道活塞环的开口错开 120°。
4）操作过程中注意人身安全。

七、学习评价

	自我反思	自我评价	存在问题及解决方案
自我反思与自我评价	是否掌握了连杆大头孔的检测方法	是□ 否□	
	是否掌握了连杆变形的检测方法	是□ 否□	
	是否掌握了活塞环的检测方法	是□ 否□	
	是否能独自装配活塞环	是□ 否□	

（续）

	自我反思	自我评价	存在问题及解决方案
自我反思与自我评价	是否掌握了活塞销的检测方法	是□ 否□	
	是否能独自装配活塞销	是□ 否□	
	是否愿意将自己的理解和建议与小组成员沟通和探讨	是□ 否□	
	是否愿意接受其他成员的建议	是□ 否□	
	是否通过学习该任务获得了经验	是□ 否□	
	是否希望继续和组内成员合作完成其他任务	是□ 否□	
	评价项目	评价等级	存在问题和解决方案
小组评价	参与度	☆☆☆☆☆	
	完成度	☆☆☆☆☆	
	贡献度	☆☆☆☆☆	
	发言量	☆☆☆☆☆	
	沟通交流	☆☆☆☆☆	
	优点	不足	存在问题和解决方案
教师评价			

八、任务评分

项目	评分标准	分值	得分
接受任务	明确工作任务，理解任务在企业工作中的重要程度	5	
收集信息	完整、准确地收集信息资料	5	
制订计划	按照工作规范及要求制订合适的行动计划	5	
	能协同小组人员安排任务分工	5	
	能在计划实施前准备好需要的工具和器材	5	
计划实施	遵守安全操作规程，正确使用工具、量具，操作现场整洁	5	
	安全防护、劳动防护	5	
	测量连杆大头孔直径	5	
	计算连杆大头孔圆度及圆柱度	5	
	检测连杆在100mm长度的弯曲度和扭曲度	5	
	检测活塞环弹力	5	
	检测活塞环漏光度	5	
	检测活塞环三隙	5	
	装配活塞环	5	
	检测活塞销的圆度和圆柱度	5	
	装配活塞销	5	

(续)

项目	评分标准	分值	得分
质量检查	操作过程规范,操作结束后能对现场进行整理	10	
评价反馈	能对自身表现情况进行客观评价	5	
	能在任务实施过程中发现自身存在的问题	5	
合计		100	

任务七　拆装及检测曲轴飞轮组

一、任务描述

一辆桑塔纳轿车，车主反映车辆异响。经检查试车，初步判定该车发动机曲轴故障，需对发动机进行解体检查。

二、任务目标

1. 知识目标

1）掌握曲轴飞轮组各部件的名称、作用和结构特点。
2）掌握曲轴轴向间隙的检验方法和技术要求。
3）掌握曲轴主要变形部位的测量方法。

2. 技能目标

1）能正确进行曲轴飞轮组的拆装。
2）能准确发现曲轴的裂纹，能正确检测曲轴的磨损及弯曲、扭曲变形。

3. 素养目标

1）培养学生正确的人生观和价值观。
2）培养吃苦耐劳、不怕困难的职业精神，增强职业自豪感。
3）提升学生的安全、环保和社会责任意识。

三、设备器材和技术要求

1. 设备器材

典型车型发动机、平板、磁力表座、百分表、千分尺、曲轴磁力探伤仪、常用工具和量具、专用套筒、撬棍、锤子等。

2. 技术要求

序号	检查项目	技术要求
1	曲轴中间轴紧固螺栓拧紧力矩	25N·m
2	曲轴主轴承盖紧固螺栓拧紧力矩	65N·m
3	曲轴弯曲度	≤0.05mm
4	轴颈直径80mm以下的曲轴的圆度、圆柱度误差	≤0.025mm
5	轴颈直径80mm以上的曲轴的圆度、圆柱度误差	≤0.040mm
6	装配新件的曲轴轴向间隙值	0.07～0.17mm

四、相关知识

曲轴飞轮组主要包括曲轴、飞轮和扭转减振器等（图7-1）。
曲轴的功用是把活塞的往复运动变为旋转运动，对外输出功率驱动发动机各辅助系统工作。

曲轴在工作中受到周期性变化的气体压力、往复运动惯性力、旋转运动惯性力及力矩的作用。这些周期性的交变载荷会引起曲轴的振动和疲劳损坏。

曲轴的结构形式可分为整体式与组合式两大类。曲轴可分为主轴颈、曲柄销（又称为连杆轴颈）、曲柄、前端轴和后端轴 5 部分（图 7-2）。曲轴通过主轴颈支承在主轴承上旋转。

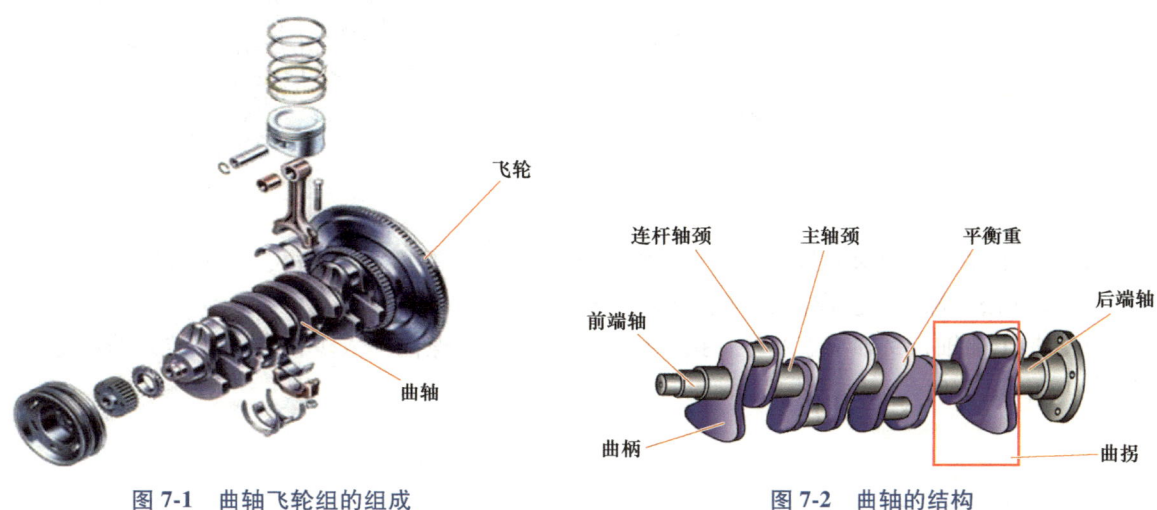

图 7-1　曲轴飞轮组的组成　　　　　　图 7-2　曲轴的结构

（1）**主轴颈**　按照曲轴的主轴颈数可以把曲轴分为全支承曲轴和非全支承曲轴两种。

（2）**曲柄销**　它与连杆大头相连并在连杆轴承中转动。直列发动机曲柄销数目与气缸数相等，V 列发动机曲柄销数目是气缸数的一半。

（3）**曲柄**　曲柄是主轴颈与曲柄销的连接部分，也是曲轴受力最复杂、结构最薄弱的环节。曲柄与主轴颈和曲柄销的连接处形状突然变化，存在着严重的应力集中现象，曲轴裂缝或断裂大多数出现在这个部位。

（4）**前端轴与后端轴**　前端轴是第 1 道主轴颈之前的部分，通常带有键槽和螺栓，用来安装正时齿轮、带轮、扭转减振器等。后端轴是最后 1 道主轴颈之后的部分，一般在其后端装有凸缘盘。飞轮用螺栓紧固在曲轴后端面上。

五、任务实施

下面以桑塔纳轿车发动机为例进行拆装。图 7-3 所示为曲轴飞轮组分解示意图。

（一）曲轴飞轮组的拆卸

1）将气缸体翻转倒置在工作台上。
2）拆卸中间轴密封凸缘。其紧固螺栓的拧紧力矩为 25N·m。
3）拆卸缸体前端中间轴密封凸缘中的油封。装配时，必须更换。
4）拆卸中间轴。
5）拆卸带盘端曲轴油封。
6）拆卸前油封凸缘及衬垫。
7）旋出飞轮固定螺栓，从曲轴凸缘上拆下飞轮，如图 7-4 所示。

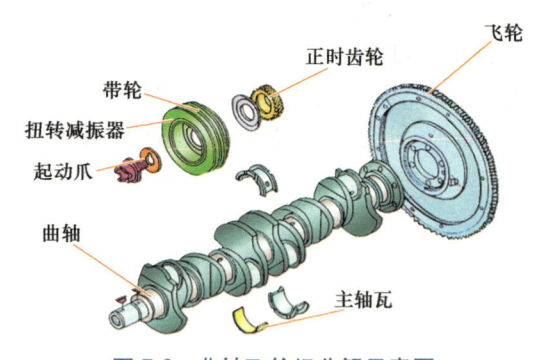

图 7-3 曲轴飞轮组分解示意图

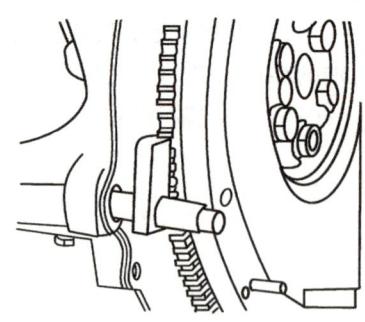

图 7-4 飞轮的拆卸

8）拆下曲轴主轴承盖紧固螺栓。不能一次性将同一螺栓全部拧松，必须分次从两端到中间逐步拧松各螺栓。该螺栓的拧紧力矩为 65N·m。

9）抬下曲轴，将轴承盖及垫片按原位装回并将固定螺栓拧入少许。注意推力轴承定位及开口的安装方向，且轴瓦不能互换。

（二）曲轴的检测

1. 曲轴裂纹的检测

（1）磁力探伤法

1）清洗曲轴。

2）用探伤器（仪）将零件磁化。

3）在零件可能产生裂纹处撒上磁粉。

4）当磁力线通过裂纹边缘处时，磁粉将会吸附在裂纹处，从而显示出裂纹的部位和大小。

（2）浸油敲击法

1）清洗曲轴。

2）将曲轴放在煤油中浸泡片刻。

3）取出曲轴并擦净表面油膜，然后撒上白粉。

4）用锤子分段敲击每道曲柄臂，如果有明显油迹出现，则该处有裂纹。

2. 曲轴弯曲的检测

1）将曲轴两端未磨损的部位放于平板上的 V 形铁块上，如图 7-5 所示；或将曲轴支撑在车床的前、后顶针上，以前端正时齿轮轴颈（未发生磨损部分）及后端装飞轮的突缘为基面。

2）校对中心水平后，用百分表进行测量。

3）百分表的量头应对准曲轴中间的一道（通常此道变形量最大）主轴颈，用手慢慢转动曲轴 1 圈后，百分表指示的最大摆差的一半即为曲轴的弯曲度。

4）测量时，不可将百分表的量头放在轴颈的中间，而应放在轴颈的一端，如图 7-6 所示的 Ⅰ-Ⅰ 或 Ⅱ-Ⅱ 的位置；否则，会由于轴颈不圆而对曲轴的弯曲量作出不正确的结论。

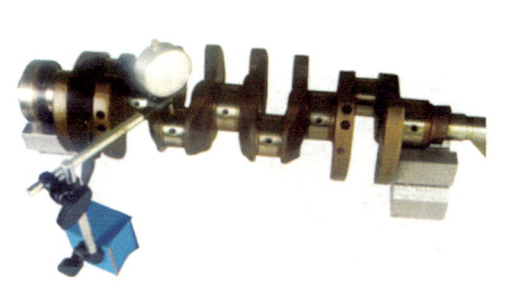

图 7-5 曲轴弯曲的检测

图 7-6 轴颈磨损的检测

检测技术标准（以小轿车为例）：弯曲度未超过 0.05mm，曲轴可不必校正；弯曲度为 0.05～0.10mm 时，可在轴颈磨削时一并予以修正；若超过 0.10mm，则必须加以校正。

3. 曲轴扭曲的检测

1）曲轴弯曲检测以后，将相对应的两个连杆轴颈（如 6 缸发动机曲轴的 1、6 连杆轴颈；4 缸发动机曲轴的 1、4 连杆轴颈）转到水平的位置。

2）用百分表测出相对应的两个连杆轴颈的高度差 ΔA，即为扭转度。

3）计算扭转变形的扭转角 θ：

$$\theta = 360\Delta A/2\pi R \approx 57\Delta A/R$$

式中 R——曲柄半径，单位为 mm。

4）曲轴扭转一般很微小，可在修磨曲轴轴颈时予以修正。

4. 曲轴轴颈磨损的检测

1）在每一道轴颈上选取两个截面Ⅰ-Ⅰ和Ⅱ-Ⅱ，在每一道截面上取与曲柄平行及垂直的两个方向 A-A 和 B-B，用外径千分尺进行测量。

2）计算曲轴轴颈的圆度和圆柱度：

圆度 = $(D_{max}-D_{min})/2$，D_{max}、D_{min} 分别为同一横截面内最大、最小测量直径。

圆柱度 = $(D_{max}-D_{min})/2$，D_{max}、D_{min} 分别为全部测量值中的最大、最小直径。

检测技术标准：轴颈直径在 80mm 以下的，圆度、圆柱度误差不得大于 0.025mm；轴颈直径在 80mm 以上的，圆度、圆柱度误差不得大于 0.040mm。若超过该值，则需按修理尺寸对轴颈进行磨光。

（三）曲轴飞轮组的装配

1）将经过清洗并擦拭干净的曲轴、飞轮、选配或修配好的轴承、轴承盖及垫片等零件依次摆放整齐，准备装配。

2）将曲轴安装在缸体上。在第 3 道主轴颈两侧安装止动垫片，垫片上带油槽的减磨合金表面必须朝向曲轴。注意：轴承盖按序号安装，不得装错和装反，并由中间向外对称紧固螺栓（紧固力矩为 65N·m）。

3）安装曲轴前、后油封和油封座。

4）安装飞轮和滚针轴承。

新换飞轮时，应在飞轮"0"标记（1、4 缸上止点记号）附近打印上点火正时记号。

曲轴后端孔内变速器输入轴的滚针轴承标记应朝外（朝后），外端面应距曲轴后端面1.5mm。

5）检测曲轴的轴向间隙，如图7-7所示。

图7-7　曲轴轴向间隙的测量

检测时，先用撬棍将曲轴撬向一端，再用塞尺在止动垫片处测量曲柄与止动垫片之间的间隙。装配新件的间隙值为0.07~0.17mm，磨损极限为0.25mm。如果曲轴轴向间隙过大，则应更换止动垫片。

六、注意事项

1）对于1、2、4、5道曲轴瓦，只有装在缸体上的那片轴瓦有油槽，装在瓦盖上的无油槽；第3道轴瓦两片均有油槽。

2）曲轴飞轮组标记：四冲程直列4缸汽油机的飞轮上刻有"1—4缸上止点"的标记，当该标记与飞轮壳前端的刻线对齐时，1、4缸活塞处于上止点位置。

3）曲轴轴承上均有定位凸块，该凸块与轴承座上的凹槽嵌合。同一道轴承的瓦盖和底座不能分开放置，以免错乱。

七、学习评价

	自我反思	自我评价	存在问题及解决方案
自我反思与自我评价	是否掌握了曲轴飞轮组的拆卸步骤	是□　否□	
	是否掌握了曲轴的检测方法	是□　否□	
	是否能独自装配曲轴飞轮组	是□　否□	
	是否愿意将自己的理解和建议与小组成员沟通和探讨	是□　否□	
	是否愿意接受其他成员的建议	是□　否□	
	是否通过学习该任务获得了经验	是□　否□	
	是否希望继续和组内成员合作完成其他任务	是□　否□	

(续)

小组评价	评价项目	评价等级	存在问题和解决方案
	参与度	☆☆☆☆☆	
	完成度	☆☆☆☆☆	
	贡献度	☆☆☆☆☆	
	发言量	☆☆☆☆☆	
	沟通交流	☆☆☆☆☆	
教师评价	优点	不足	存在问题和解决方案

八、任务评分

项目	评分标准	分值	得分
接受任务	明确工作任务,理解任务在企业工作中的重要程度	5	
收集信息	完整、准确地收集信息资料	5	
制订计划	按照工作规范及要求制订合适的行动计划	5	
	能协同小组人员安排任务分工	5	
	能在计划实施前准备好需要的工具和器材	5	
计划实施	遵守安全操作规程,正确使用工具、量具,操作现场整洁	5	
	安全防护、劳动防护	5	
	拆卸曲轴飞轮组	10	
	检测曲轴的裂纹	5	
	检测曲轴的弯曲度和扭曲度	10	
	检测曲轴轴颈的圆度和圆柱度	10	
	装配曲轴飞轮组	10	
质量检查	操作过程规范,操作结束后能对现场进行整理	10	
评价反馈	能对自身表现情况进行客观评价	5	
	能在任务实施过程中发现自身存在的问题	5	
	合计	100	

【拓展课堂】红旗汽车品牌简介

对于中国人而言,红旗不仅是一个著名的汽车品牌,还是一种深深的情怀和神圣的记忆。对于一汽人而言,红旗是一种强烈的责任和历史的使命。在20世纪六七十年代,红旗轿车是中国汽车工业的一面旗帜。改革开放后,"红旗"在继续承担"国车"重任的同时,开始了市场化进程。

2018年4月25日，红旗品牌历史上首次独立亮相北京车展，高端B级车红旗H5震撼上市。2019年2月4日，红旗HS5于2019年央视春晚吉林长春（一汽）分会场首次正式亮相，并于5月26日在2019年长春国际马拉松赛事期间正式上市。2019年7月12日，长春国际汽车文化节暨首届红旗嘉年华在长春举行，红旗HS7也于期间上市。2019年12月，红旗入选2019中国品牌强国盛典榜样100品牌。实际在售车型有红旗H5、红旗H7、红旗H9、红旗HS5、红旗HS7、红旗E-HS3、红旗E-HS9、红旗L5、红旗LS7、红旗S9。

2022年1月，红旗被评为中国汽车2021年度品牌。

新红旗的品牌理念是中国式新高尚精致主义。新红旗将突出"新高尚""新精致""新情怀"的理念，把中国优秀文化、世界先进文化、现代时尚设计、前沿科学技术、精细情感体验深度融合，打造卓越产品和服务。新红旗战略目标是把新红旗打造成为"中国第一、世界著名"的"新高尚品牌"，满足消费者对新时代"美好生活、美妙出行"的追求，肩负起历史赋予的强大中国汽车产业的重任。

项目三

配气机构的拆装及调整

目前，四冲程汽车发动机都采用气门式配气机构。配气机构的功用是按照发动机的工作顺序和工作循环的要求，定时开启和关闭各缸的进、排气门，使新气进入气缸、废气从气缸排出。进入气缸内的新气数量（或称进气量）对发动机性能的影响很大。进气量越大，发动机的有效功率和转矩越大。

本项目主要介绍配气机构的基本构造和拆装检测过程，通过学习可以了解配气机构的相关知识，掌握配气机构各部件的拆装、检测技能，帮助学生形成正确的汽车检测维修思路，培养劳动意识、安全意识、团队合作意识，树立工匠精神等职业精神，为将来能够胜任汽车售后服务职业岗位，解决较复杂的汽车检测维修等问题奠定良好的基础。

2. 调整气门间隙 ── 配气机构的拆装及调整 ── 1. 拆装及装配配气机构

任务八　拆装及装配配气机构

一、任务描述

一辆轿车，发生如下故障：
1）汽车起动时间过长，起动过程中，有曲轴反转的现象，进气歧管有回火现象。
2）汽车怠速不稳，抖动严重。
3）车辆燃油量消耗明显升高，尾气排放超标，排气管有黑烟产生。
4）汽车加速不足，转速超过 2500r/min 后才有所好转。

经检查其他系统均良好，最终确认是凸轮轴损伤或变形造成的。

二、任务目标

1. 知识目标

1）掌握发动机配气机构的组成、构造和装配关系。
2）掌握凸轮的结构特点。
3）掌握检测凸轮的裂纹、磨损和弯曲变形的方法。

2. 技能目标

1）能正确进行配气机构的拆检。
2）能正确检测凸轮轴的裂纹、凸轮的磨损、凸轮轴的弯曲变形。

3. 素养目标

1）通过学习国产汽车品牌，认识到我国汽车制造的创新能力和成果，树立创新精神。
2）认识到岗位上要勇于探索、大胆创新、在工作中实现人生价值。
3）学习前辈们吃苦耐劳、不怕困难的职业精神，增强职业自豪感。
4）提升学生的标准意识、流程意识和安全意识。
5）培养学生的团队合作意识和集体责任感。

三、设备器材和技术要求

1. 设备器材

桑塔纳发动机总成和挂图、常用工具和量具、气门拆装专用工具、千分尺、平板、磁力表座、百分表、塞尺、空气压缩机、清洗剂。

2. 技术要求

序号	检查项目	技术要求
1	凸轮顶点中心线到基圆最低点的距离	≥0.50mm
2	凸轮进、排气门开、闭升程的偏差	≤0.05mm
3	各凸轮开闭角偏差	≤2°
4	各凸轮升程最高点对轴线的角度偏差	≤1°
5	凸轮轴弯曲度	≤0.05mm
6	凸轮轴各轴颈圆柱度误差	≤0.01mm
7	凸轮轴中间各支承轴颈的圆度误差	≤0.05mm
8	各凸轮基圆部分的圆度误差	≤0.08mm
9	安装正时齿轮轴颈的圆度误差	≤0.04mm
10	凸轮轴上驱动分电器及机油泵的传动齿轮齿厚磨损量	≤0.05mm
11	凸轮轴上偏心轮表面磨损量	≤0.50mm
12	正时齿轮键与键槽磨损量	≤0.12mm
13	凸轮轴装正时齿轮固定螺母的螺纹损坏	≤2牙
14	止动垫块的轴向圆跳动量	≤0.03mm
15	凸轮轴轴向间隙	≤0.15mm

四、相关知识

1. 配气机构的作用

配气机构的作用是按照发动机各缸的做功次序和每个气缸工作循环的要求，定时开启和关闭各气缸的进、排气门，配合发动机各缸实现进气、压缩、做功和排气的工作过程。

2. 配气机构的组成

配气机构由气门组和气门传动组组成（图 8-1）。

气门组包括气门、气门导管、气门弹簧、气门弹簧座等。

气门传动组主要由凸轮轴、挺柱、推杆、摇臂轴、摇臂及调整螺钉等组成。

（1）凸轮轴 凸轮轴上主要有各缸进、排气凸轮，用以使气门按一定的工作顺序和配气相位及时开闭，并保证气门有足够的升程。汽油机的凸轮轴布置在气缸的侧面下方时，一般将驱动燃油泵的偏心轮和驱动分电器的螺旋齿轮设置在凸轮轴上。

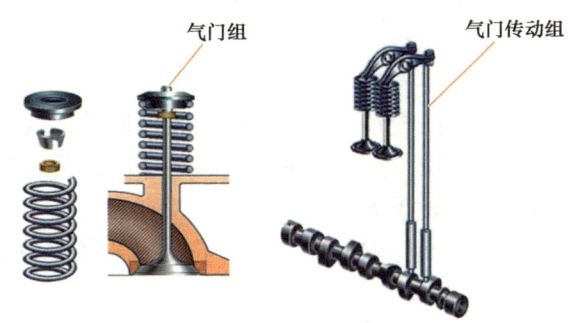

图 8-1 配气机构的组成

（2）摇臂轴 摇臂轴为钢制空心管状，用来套装摇臂。它通过摇臂支座用螺栓固定在气缸盖上。各摇臂之间装有弹簧，其张力将摇臂紧压在支座两侧的磨光面上，以防止摇臂轴向移动。摇臂与轴之间装有青铜衬套。

五、任务实施

下面以桑塔纳轿车发动机配气机构的拆装为例进行介绍。

（一）配气机构的拆卸

桑塔纳轿车的配气机构装配在气缸盖上，气缸盖的分解顺序如下（图 8-2）。

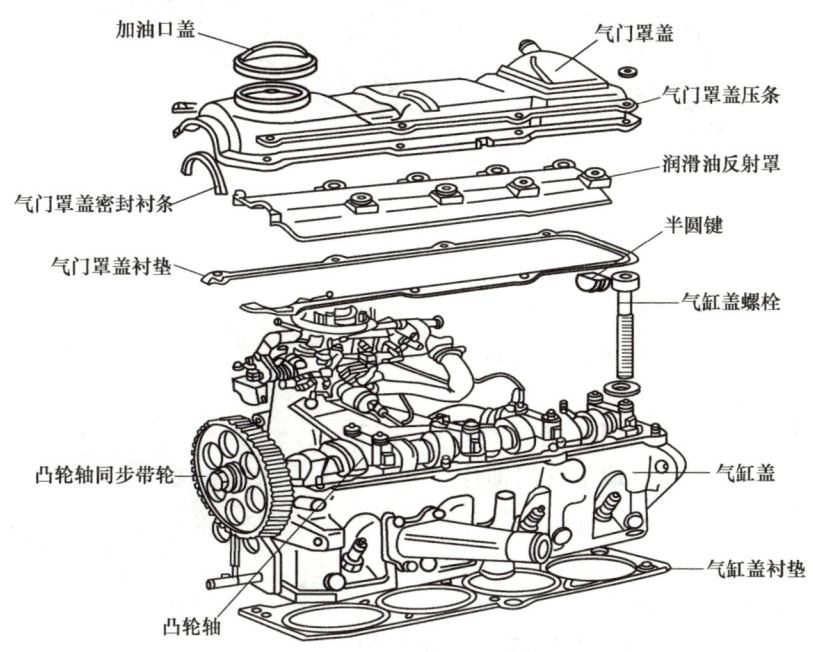

图 8-2 1.8LJV 型发动机气缸盖的分解示意图

1)拆卸加油口盖。
2)拆卸气门罩盖,分次逐渐松开紧固螺母。
3)取下气门罩盖压条、密封条及衬垫。
4)拆卸润滑油反射罩。
5)取下半圆键。
6)拆卸凸轮轴前端同步带轮紧固螺母,取下凸轮轴同步带轮。
7)先拆第1、3、5轴承盖固定螺栓,然后对角交替松开第2、4、6轴承盖固定螺栓。
8)拆下轴承盖。
9)拆卸凸轮轴(图8-3),将轴承盖按原位装回,以免错位。

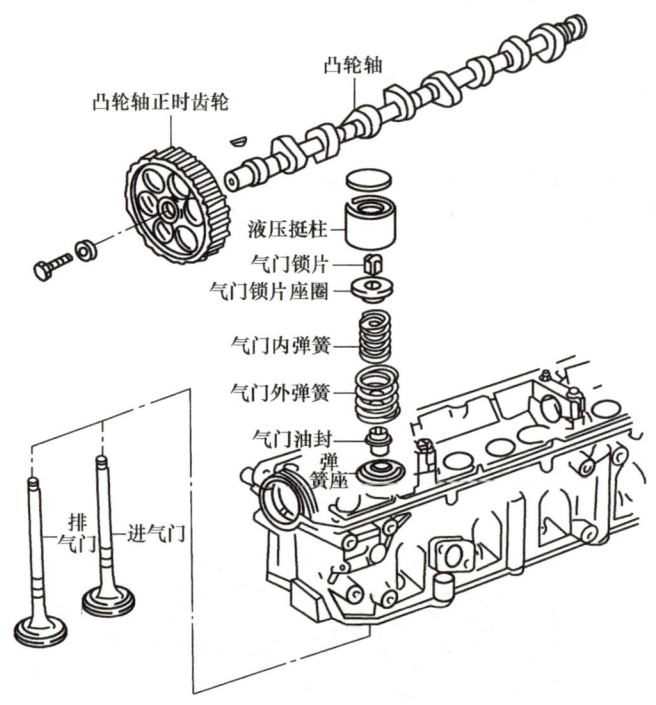

图8-3 凸轮轴与进、排气门的位置关系

10)取下液压挺柱总成。
11)检查气门顶部有无标记,若没有,应按顺序用钢字做出标记。
12)用专用压具压下气门弹簧(直接压气门锁片座圈),如图8-4所示,取下气门锁片。
13)取下气门弹簧、气门锁片座圈,如图8-5所示。
14)拆卸气门及气门油封。
15)分解完毕后,将零件进行清洗、分类和检验。

图8-4 气门锁片的拆卸

（二）凸轮轴的检测

1. 凸轮损伤的检测（以丰田轿车为例）

凸轮的损伤形式有凸轮工作表面磨损、擦伤和点蚀（疲劳剥落）。

（1）凸轮的擦伤和疲劳剥落的检查 一般可用目视的方法检查其表面是否有擦伤和剥落的现象。

（2）凸轮升程的检测 用外径千分尺测量凸轮全高，如图8-6所示。凸轮顶点中心线到基圆最低点距离如果小于标准值0.50mm，则为磨损。

（3）其他检测 凸轮进、排气门开、闭升程的极限偏差为±0.05mm；各凸轮开闭角偏差不大于2°；各凸轮升程最高点对轴线的角度偏差不大于1°。

图8-5 气门弹簧、气门锁片座圈的拆卸

2. 凸轮轴弯曲的检测

1）将凸轮轴安装于车床两顶针之间，或以V形铁块安放于平板上，以两端轴颈作为支点，如图8-7所示。

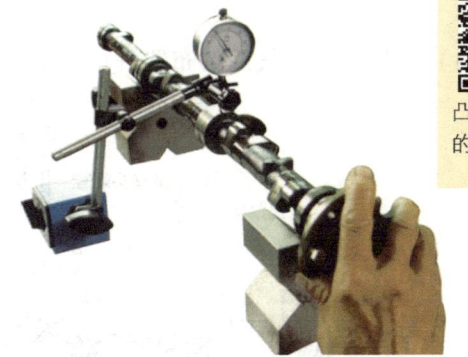

图8-6 凸轮升程的检测　　图8-7 凸轮轴弯曲的检测

2）用百分表测杆触头与中间轴颈表面接触，并缓慢转动凸轮轴1圈，测得百分表最大摆差，即为凸轮轴弯曲度。

3）如果弯曲度超过0.05mm，则必须对凸轮轴进行弯曲校正。

4）扭转一般极微小，可不计。

3. 凸轮轴轴颈磨损的检测

1）用外径千分尺测量轴颈直径，如图8-8

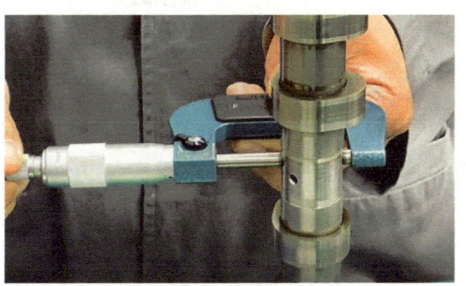

图8-8 凸轮轴轴颈直径的测量

所示。

2）计算轴颈的圆度和圆柱度误差。

3）检测技术标准：凸轮轴各轴颈轴线应一致，所有轴颈的圆柱度误差不大于 0.01mm；中间各支承轴颈的圆度误差不大于 0.05mm，各凸轮基圆部分的圆度误差不大于 0.08mm，安装正时齿轮轴颈的圆度误差不大于 0.04mm。

4. 凸轮轴其他损伤的检测

1）凸轮轴上驱动分电器及机油泵的传动齿轮齿厚磨损不超过 0.05mm。

2）凸轮轴上偏心轮表面磨损不超过 0.50mm。

3）正时齿轮键与键槽磨损不超过 0.12mm。

4）凸轮轴装正时齿轮固定螺母的螺纹损坏不得多于 2 牙。

5）止动垫块的轴向圆跳动量不大于 0.03mm。

（三）摇臂轴的装配

1. 清洁

清洗并吹干摇臂轴上的各个零件，检查摇臂轴油孔、油槽是否畅通。如果有污垢阻塞现象，必须清理干净。摇臂轴的油孔和油槽如图 8-9 所示。

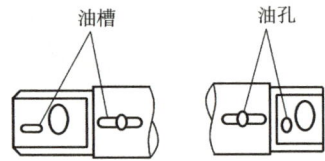

图 8-9　摇臂轴的油孔和油槽

2. 外观检视

1）检视支座（轴承盖）接合面的磨损和不平情况，以及摇臂的轴承孔和螺栓孔的磨损、不圆等情况。如果超过标准，应予以修整。

2）将清洗、吹干并检查过的摇臂轴上的各个零件浸泡于润滑油盆中，以备装配时使用。

3. 摇臂轴的组装

1）根据发动机气门的布置进行装配。摇臂轴的结构如图 8-10 所示。

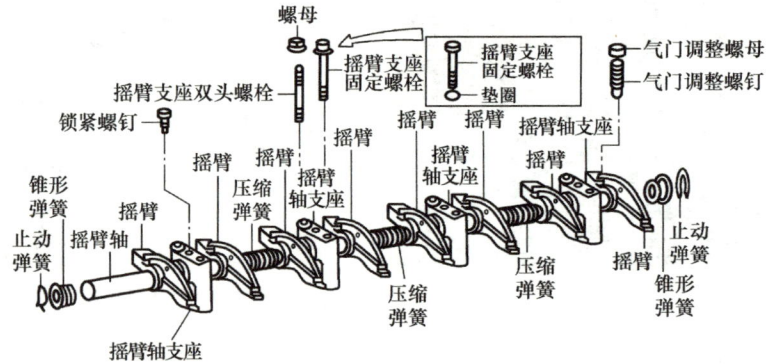

图 8-10　摇臂轴的结构

① 装配有锁紧螺钉的支座。支座上有油孔，应与摇臂轴上的油孔相对。

② 以上述支座为中心，按图 8-10 所示的结构，先将支座左侧的零件装配好，再装配右侧的零件。

③ 按照摇臂、压缩弹簧、摇臂、支座的顺序装配，直至将摇臂、支座、压缩弹簧全部安装在摇臂轴上。

注意：1、3 缸摇臂上有凸点标记，不能装错位置。

④ 在两端各装上 1 个锥形弹簧和卡簧。

2）把摇臂的气门间隙调整螺钉调至最高位置，以免装配中顶弯推杆或直接压气门而造成装配困难。

3）将装配好的摇臂轴装配到发动机盖上，按规定力矩拧紧固定螺栓。

4）调整气门间隙。

5）安装气缸盖罩，连接曲轴箱通风管和分电器真空管。

（四）配气机构的组装

1. 安装气门

装上气门后，在气门导管上装上新的气门油封。安装气门油封时（图 8-11），应先套上塑料保护套，最好用专用工具压入。气门杆部先涂以润滑油，插入导管中时不要损伤油封。装上气门弹簧和气门锁片后，用塑料锤轻敲几下，以确保气门锁片安装可靠（使用过的锁片禁止再次使用）。

图 8-11　气门油封的安装

2. 检查凸轮轴轴向间隙（图 8-12）

测量轴向间隙时，不装液液挺柱，装好 1 号和 5 号轴承盖。轴向间隙应不大于 0.15mm。

3. 装入液压挺柱总成

4. 安装凸轮轴和油封

1）安装凸轮轴时，1 缸的凸轮必须朝上。

2）安装凸轮轴轴承盖时，注意轴孔上、下两部分必须对准。

3）将凸轮轴放到各轴承座上，按与拆卸相反的顺序安装、紧固轴承盖（拧紧力矩为 20N·m）。

4）用专用工具安装凸轮前油封时，不要压到底，否则会堵塞油道。

5）放入半圆键，安装凸轮轴正时齿轮并加以紧固（拧紧力矩为 80N·m）。

图 8-12　凸轮轴轴向间隙的检查

注意：凸轮轴转动时，曲轴不可位于上止点，否则将损坏气门和活塞顶部。

5. 安装气缸盖

气缸盖的安装顺序与拆卸的顺序相反，应注意以下几点：

1）安装气缸垫时，气缸垫上有"OPEN TOP"字样的一面朝向气缸盖。

2）将定位螺栓旋入第 8、第 10 号位的气缸盖螺栓孔内，以便起到定位作用。待气缸盖装合并用手拧紧螺栓后，再旋出定位螺栓，然后旋入第 8、第 10 号螺栓。

3）拧紧气缸盖螺栓的顺序按与拆卸相反的顺序分 4 次进行；第 1 次拧紧力矩为 40N·m；第 2 次拧紧力矩为 40N·m；第 3 次拧紧力矩为 40N·m；第 4 次用扳手转动 1/4 圈。使用中不允许将气缸盖螺栓再次拧紧。

4）安装气缸盖时，各缸活塞不可置于上止点，否则气门会顶坏活塞。当任一活塞被确认为处于上止点时，必须再旋转 1/4 圈。

5）将润滑油道清洗干净，用压缩空气吹通。

6. 安装正时带

1）将正时带套在曲轴和中间轴正时带轮上。

2）装上曲轴带盘（螺栓不必拧紧），注意带盘的定位。

3）将凸轮轴正时带轮上的标记与正时带护罩上的标记对齐。

4）使曲轴带盘上的上止点标记和中间轴正时带轮上的标记对齐。

5）将正时带套在凸轮轴正时带轮上。

6）按图 8-13 所示转动张紧轮来张紧正时带，张紧至用手指捏在正时带中间（凸轮轴正时带轮和中间轴正时带轮的中间）刚好可以扭转 90° 为止。

7）拧紧中间轮紧固螺母，转动曲轴两圈（图 8-14），再次检查正时标记是否正确。

图 8-13　正时带张紧度的检查

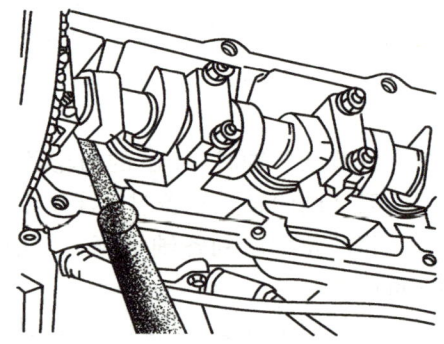

图 8-14　转动曲轴

8）拆下曲轴 V 带盘，装上正时带下护罩，再安装 V 带盘，以 20N·m 的力矩拧紧固定螺栓。

六、注意事项

1）气门弹簧和锁片拆装用气门弹簧装卸钳。锁片装好后，用橡胶锤轻敲几下，以确保锁止可靠。用尖嘴钳夹取气门锁夹，禁止用手取出。内、外弹簧的旋向应相反。

2）各缸气门无互换性，拆下的气门若无记号，应做好相应的标记，按缸号顺序放在零件安放架上，不得错乱。

3）拆装凸轮轴轴承盖时，注意轴承盖的顺序和方位不得错乱。拧紧轴承盖紧固螺栓时，按要求的顺序（从中间到两头，对角交替）和力矩分次均匀地拧紧；旋松时，向相反方向进行。

4）安装正时带-带轮（或正时链-链轮）时，应将正时记号对准，正时带的方向要与原方向一致。

七、学习评价

	自我反思	自我评价	存在问题及解决方案
自我反思与 自我评价	是否掌握了发动机配气机构的组成、构造和装配方法	是□ 否□	
	是否掌握了配气机构的拆装步骤及方法	是□ 否□	
	是否能够独立完成凸轮及凸轮轴损伤的检测	是□ 否□	
	是否能够独立完成凸轮弯曲变形的检查	是□ 否□	
	是否能够独立完成凸轮轴颈磨损的检测	是□ 否□	
	是否能够独立完成配气机构的拆装	是□ 否□	
	是否愿意将自己的理解和建议与小组成员沟通和探讨	是□ 否□	
	是否愿意接受其他成员的建议	是□ 否□	
	是否通过学习该任务获得了经验	是□ 否□	
	是否希望继续和组内成员合作完成其他任务	是□ 否□	
	评价项目	评价等级	存在问题和解决方案
小组评价	参与度	☆☆☆☆☆	
	完成度	☆☆☆☆☆	
	贡献度	☆☆☆☆☆	
	发言量	☆☆☆☆☆	
	沟通交流	☆☆☆☆☆	
	优点	不足	存在问题和解决方案
教师评价			

八、任务评分

项目	评分标准	分值	得分
接受任务	明确工作任务,理解任务在企业工作中的重要程度	5	
收集信息	完整、准确地收集信息资料	5	
制订计划	按照工作规范及要求制订合适的行动计划	5	
	能协同小组人员安排任务分工	5	
	能在计划实施前准备好需要的工具和器材	5	
计划实施	遵守安全操作规程,正确使用工具、量具,操作现场整洁	5	
	安全防护、劳动防护	5	
	拆卸配气机构	5	
	检测凸轮轴损伤、弯曲变形、磨损等情况	20	
	装配摇臂轴	10	
	组装配气机构	10	
质量检查	操作过程规范,操作结束后能对现场进行整理	10	
评价反馈	能对自身表现情况进行客观评价	5	
	能在任务实施过程中发现自身存在的问题	5	
合计		100	

任务九　调整气门间隙

一、任务描述

一辆刚刚大修的轿车，发生如下故障：
1) 汽车发动机功率明显下降，起动困难。
2) 发动机运转时有清脆的"哒哒哒哒"异响，冷车起动后异响明显，热车后异响变小。经检查其他系统均良好，最终确认是气门间隙过大造成的。

二、任务目标

1. 知识目标
通过对本田雅阁发动机气门间隙的调整，掌握气门间隙调整的原则和方法。

2. 技能目标
1) 能正确地使用塞尺测量气门间隙值。
2) 能够对可调气门间隙进行熟练的调整。

3. 素养目标
1) 广泛践行社会主义核心价值观，树立职业理想，提升职业技能。
2) 秉持"注重细节"的理念，精益求精，追求卓越，传承大国工匠精神。

三、设备器材和技术要求

1. 设备器材
本田雅阁发动机、气门拆装和调整工具。

2. 技术要求

序号	检查项目	技术要求
1	操作时气缸盖的温度	<38℃
2	进气门间隙	0.20mm
3	排气门间隙	0.25mm

四、相关知识

1. 气门间隙的作用
如果没有气门间隙，冷态时气门关闭严密，但当发动机起动后温度升高，气门及传动件受热膨胀伸长，便会把气门顶开，使气门关闭不严。为此，要留有供机件热膨胀用的间隙，以确保气门关闭严密。

2. 气门间隙的定义
发动机冷态装配时，在气门与其传动件之间留有适当的间隙，以补偿气门受热后的膨胀量。这一间隙通常称为气门间隙。

3. 气门间隙的调整原则

气门间隙调整时，挺柱（或摇臂短臂端头）落在凸轮的基圆上，也就是正在进气、将要进气、进气刚结束的进气门不能调整，正在排气、将要排气、排气刚结束的排气门不能调整。

五、任务实施

下面以广州本田雅阁汽车发动机气门间隙的检查与调整为例介绍气门间隙的调整。

操作时气缸盖的温度要求必须低于38℃，该汽车气门间隙的调整规定使用"逐缸法"。

1）拆下缸盖罩。

2）使1缸活塞处于压缩行程上止点位置，即使凸轮轴带轮上的"UP"标记朝向正上方（此时带轮上的两个上止点凹槽标记应恰好与缸盖上平面平齐），如图9-1所示。

3）使用塞尺检查图9-2和图9-3所示1缸所有气门的间隙。进气门间隙应为0.20mm，排气门间隙应为0.25mm。

4）若气门间隙不符合上述要求，则应拧松锁紧螺母，旋动调整螺钉进行调整（间隙小时，应逆时针旋松调整螺钉；间隙大时，应顺时针旋进调整螺钉），直到前后推拉塞尺时感觉有轻微阻力为止，如图9-4所示。

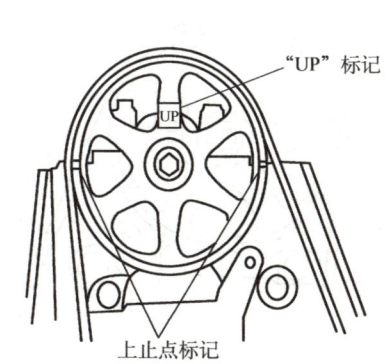

图9-1　1缸活塞压缩行程上止点位置标记

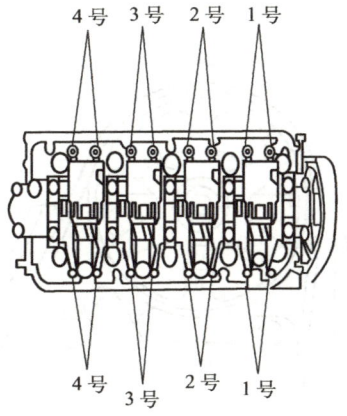

图9-2　气门间隙的检查（一）

图9-3　气门间隙的检查（二）

图9-4　气门间隙的调整

5）拧紧调整螺母（注意防止调整螺钉跟随转动），再次检查气门间隙，必要时重新进行调整。

6）逆时针方向转动曲轴180°（凸轮轴带轮转动90°），使"UP"标记处于排气歧管侧且对正缸盖上平面（3缸活塞处于压缩行程上止点），此时，可按上述方法检查调整3缸所有气门的间隙，如图9-5所示。

7）逆时针方向转动曲轴180°，使"UP"标记朝向正下方（此时凸轮轴带轮上的两个上止点凹槽标记应再次与缸盖的上平面平齐，4缸活塞处于压缩行程上止点），此时，可以检查调整4缸所有的气门间隙，如图9-6所示。

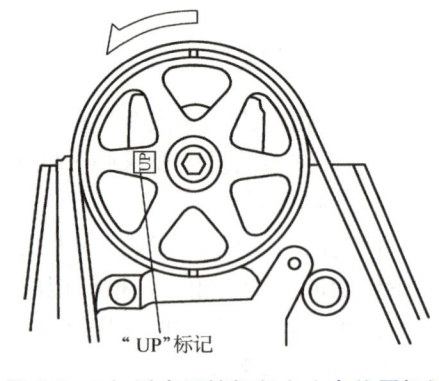

图9-5　3缸活塞压缩行程上止点位置标记

8）逆时针方向转动曲轴180°，使"UP"标记处于进气歧管侧且正对缸盖上平面（2缸活塞处于压缩行程上止点），此时，可检查调整2缸所有气门的间隙，如图9-7所示。

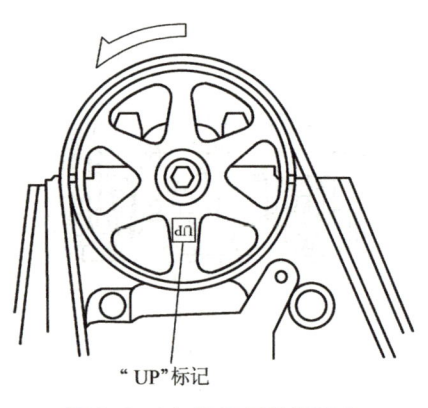

图9-6　4缸活塞压缩行程上
止点位置标记

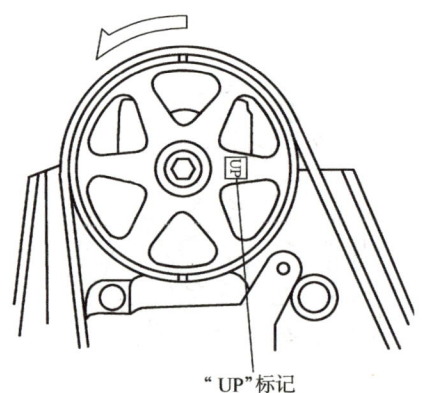

图9-7　2缸活塞压缩行程上
止点位置标记

9）调好间隙后，应反复检查，直到符合规定为止。

六、注意事项

1）调整时，应注意温度影响（气门摇臂、气门杆的温度会对气门间隙产生影响）。一般来说，热机时气门间隙值应比冷机时要求的间隙值小。有些汽车要求在冷机时调整气门间隙，有的汽车在热、冷态时均可调整，但其间隙值各不相同。

2）各缸气门间隙应调整一致，以免在工作中发动机运转不平衡。

3）调整气门间隙时，所调的气门应完全在关闭状态，这时调整的间隙值才是准确的。

4）调整前，应注意检查摇臂头工作面。发动机工作中，摇臂头弧形工作面不断地与气门杆端部撞击、滑磨，在润滑不良的情况下会引起磨损，磨出凹坑；严重时，气门杆端部会卡入凹坑而使摇臂折断，所以应根据磨损情况予以修复或更换新件，以免影响其调整的准确性。

七、学习评价

	自我反思	自我评价	存在问题及解决方案
自我反思与自我评价	是否掌握了气门间隙调整的原则和方法	是□ 否□	
	是否能正确地使用塞尺测量气门间隙值	是□ 否□	
	是否能熟练地对可调气门间隙进行调整	是□ 否□	
	是否愿意将自己的理解和建议与小组成员沟通和探讨	是□ 否□	
	是否愿意接受其他成员的建议	是□ 否□	
	是否通过学习该任务获得了经验	是□ 否□	
	是否希望继续和组内成员合作完成其他任务	是□ 否□	
	评价项目	评价等级	存在问题和解决方案
小组评价	参与度	☆☆☆☆☆	
	完成度	☆☆☆☆☆	
	贡献度	☆☆☆☆☆	
	发言量	☆☆☆☆☆	
	沟通交流	☆☆☆☆☆	
	优点	不足	存在问题和解决方案
教师评价			

八、任务评分

项目	评分标准	分值	得分
接受任务	明确工作任务，理解任务在企业工作中的重要程度	5	
收集信息	完整、准确地收集信息资料	5	
制订计划	按照工作规范及要求制订合适的行动计划	5	
	能协同小组人员安排任务分工	5	
	能在计划实施前准备好需要的工具和器材	5	
计划实施	遵守安全操作规程，正确使用工具、量具，操作现场整洁	5	
	安全防护、劳动防护	5	
	旋转发动机曲轴使各缸依次处于压缩行程上止点位置	5	
	用塞尺测量各缸进、排气门间隙	20	
	调节各缸进、排气门间隙	20	
质量检查	操作过程规范，操作结束后能对现场进行整理	10	

(续)

项目	评分标准	分值	得分
评价反馈	能对自身表现情况进行客观评价	5	
	能在任务实施过程中发现自身存在的问题	5	
合计		100	

【拓展课堂】"汽车华佗"张龙：从学徒成长为汽车维修行业领军人物

对大多数人来说，汽车维修只是一个让人熟悉又陌生的领域。事实上，汽车维修工中不少人身怀绝技，他们是朴实的劳动者，也是保障人们出行安全的幕后英雄，被人们亲切地称为"汽车华佗"的张龙就是其中的佼佼者。

1999年毕业后，张龙被分配到湖北十堰亨运集团修理车间从事汽车维修工作。二十多年来，他解决的汽车修理疑难故障百余次，维修汽车超过10000辆，用近乎"零"的返修率和贴心的服务，成为汽车维修行业的一面旗帜。

在张龙看来，把每件事做好需要具备五个要素，"一是要有坚定的信念，二是要主动学习，三是要有精益求精的态度，四是勇于创新，五是要懂得感恩回馈。"进入汽车维修行业以来，他也一直这样要求自己。

除了工作中的实践积累，张龙坚持通过专业书籍和网络自学摸索，参加技术培训，遇到不懂的问题便虚心请教专家和老师傅，还与全国各地的同行经验交流。天道酬勤，经过多年坚持，张龙的技术素养和技术能力快速提高，很多疑难故障汽车经过他的诊断都能够很快"手到病除"，他也被广大客户亲切地称为"十堰车友的华佗"。

在做好本职工作的同时，张龙还热心于向青年职工普及知识、传授技艺、传播理念、传承精神。他以自身二十多年的经验为蓝本，总结各种疑难案例制成教材进行分享，对同事和用户提出的问题总是不厌其烦地讲解，多次举办技术培训，车间的维修工人在他的带领下许多都成长为高级技师。张龙认为，这是对工匠精神最好的传承，"一人强不如百人强，依靠团队的力量，中国制造2025一定能够实现。"

一分耕耘、一分收获。经过二十多年的摸爬滚打、二十多年的淬炼升华，张龙书写了一段由学徒成为十堰汽车维修行业领军人物的不凡历程。他孜孜不倦地追求技术创新，以身体力行诠释对工匠精神的不懈探索，先后获得"国务院政府特殊津贴""湖北五一劳动奖章""全国技术能手"等荣誉称号，并在"湖北省首届技能状元大赛"等多项专业大赛中名列前茅。

面对众多的成绩及荣誉，他坚持始终如一，每天在岗位上兢兢业业，用自己的执着和信念诠释了一名党员对事业的追求和热爱。在他看来，"'工匠精神'就是以一种一丝不苟、精益求精的工作态度，在平凡的岗位中做出不平凡的业绩。"

项目四

燃油供给系统的拆装与调试

燃油供给系统的作用是储存和输送燃油；过滤并提高燃油压力；将燃油雾化，根据汽车各种不同工况的要求，适时、适量地将燃油输送到进气歧管或气缸内与空气混合成可燃气体，为发动机提供能源。

本项目主要介绍燃油供给系统的基本构造和拆装检测过程，通过学习可以了解燃油供给系统的相关知识，掌握燃油供给系统各部件的拆装、检测技能，帮助学生形成正确的汽车检测维修思路，培养环保意识、安全意识和创新思维，为将来能够胜任汽车售后服务等职业岗位，解决较复杂的汽车检测维修等问题打下扎实的基础。

知识导图

任务十　认知电控汽油机总体结构

一、任务描述

车间经理对刚毕业入职的小刘进行考核，带他来到一辆燃油汽车前，打开发动机舱盖后，让其根据所学知识说一说这台电控汽油机的燃油供给系统和空气供给系统组成，指出相应的部件并说明其作用。

二、任务目标

1. 知识目标

1）了解发动机电控系统的总体组成。
2）了解发动机电控系统的工作原理。

2. 技能目标

1）能根据实物指出电控燃油喷射系统的三大组成部分。

2）能识别发动机电控系统的主要传感器和执行器。

3. 素养目标

1）向模范人物学习，树立精益求精的精神为振兴民族汽车品牌贡献自己的力量。
2）增强学生的团队合作意识和集体责任感。

三、设备器材

丰田电喷发动机故障实验台、动态或静态解剖发动机台架、桑塔纳时代超人实验台架、常用工具。

四、相关知识

电控单元通过进气歧管绝对压力传感器或空气流量计的信号计算进气量，并根据进气量和发动机的转速获得基本喷油持续时间和基本点火提前角，然后通过冷却液温度、进气温度、节气门开启角度、蓄电池电压等各种工作参数进行修正，得到发动机在这一工况下运行的最佳喷油持续时间或最佳点火提前角。

电喷汽车的发动机控制是由发动机电控系统来完成的，其主要功能是控制进气量与喷油量的空燃比、喷油时刻与点火时刻；除此之外，还控制发动机的冷热车起动、怠速转速、最大转速、废气再循环、二次空气喷射、爆燃、电动燃油泵、故障自诊断以及给其他电控系统发送状态信号等功能。

电控燃油喷射系统由空气供给系统、燃油供给系统和电控系统组成。电控燃油喷射系统的基本结构如图10-1所示。

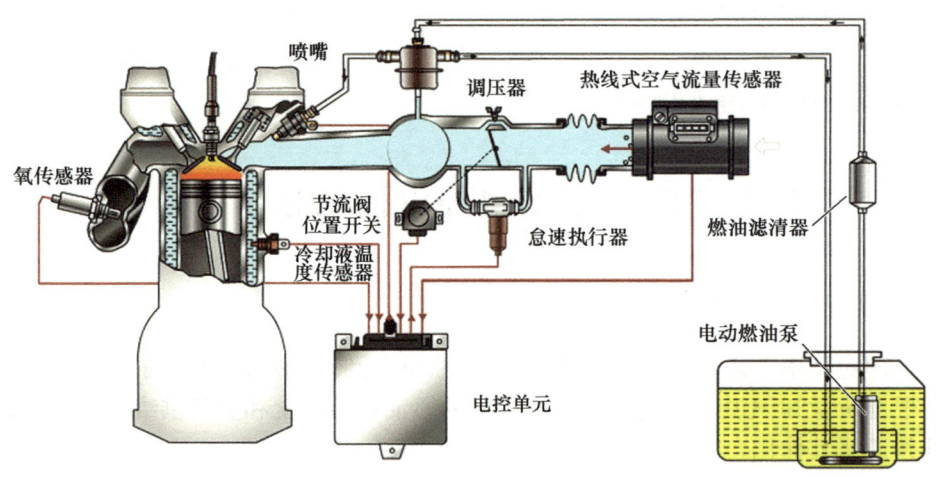

图10-1 电控燃油喷射系统的基本结构

1. 空气供给系统

（1）**功用** 为发动机提供清洁的空气并控制发动机正常工作时的进气量。

（2）**组成和原理** 发动机工作时，空气经空气滤清器过滤后，通过空气流量传感器（L型）节气门体进入进气总管，再通过进气歧管分配给各缸。图10-2所示为L型空气供给系统的组成。

1)空气流量传感器：分为翼片式（图10-3）、卡门旋涡式、热线式（图10-4）和热膜式（图10-5）4种。

L型空气供给系统的组成

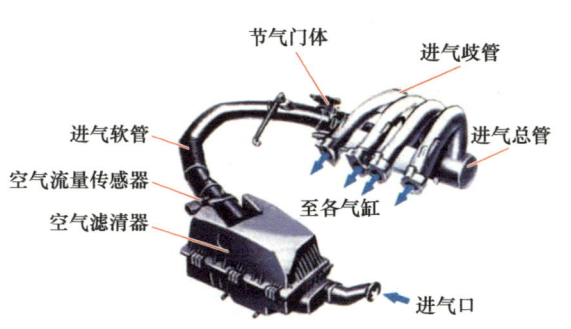

图10-2　L型空气供给系统的组成

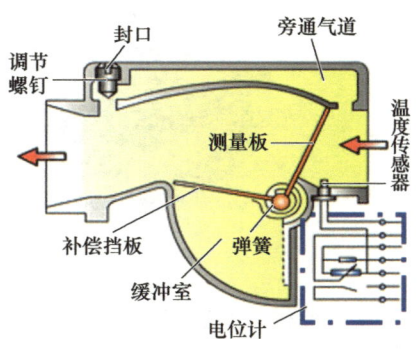

图10-3　翼片式空气流量传感器

D型空气供给系统的组成

图10-4　热线式空气流量传感器

进气压力传感器的检测（模拟）

2)进气歧管绝对压力传感器：分为压敏电阻式（图10-6）和三线可变电阻式两种。

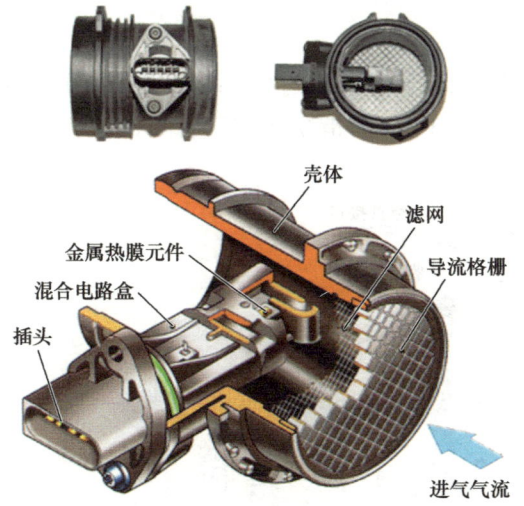

图10-5　热膜式空气流量传感器

图10-6　压敏电阻式进气歧管绝对压力传感器

3）节气门体：带节气门位置传感器，如图 10-7 所示。

燃油供给系统的组成

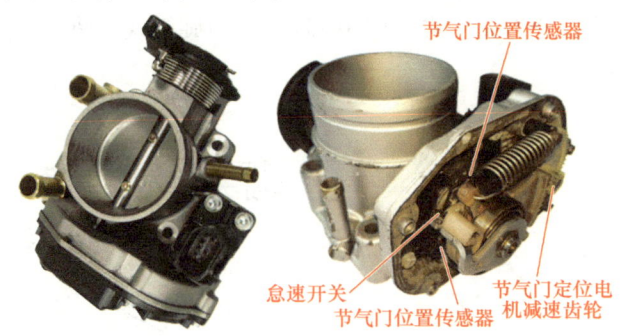

图 10-7 节气门体

4）怠速空气阀和怠速控制装置。

2. 燃油供给系统

燃油供给系统的组成如图 10-8 所示。

（1）功用 供给喷油器（图 10-9）一定压力的燃油，喷油器根据 ECU 的指令喷油。

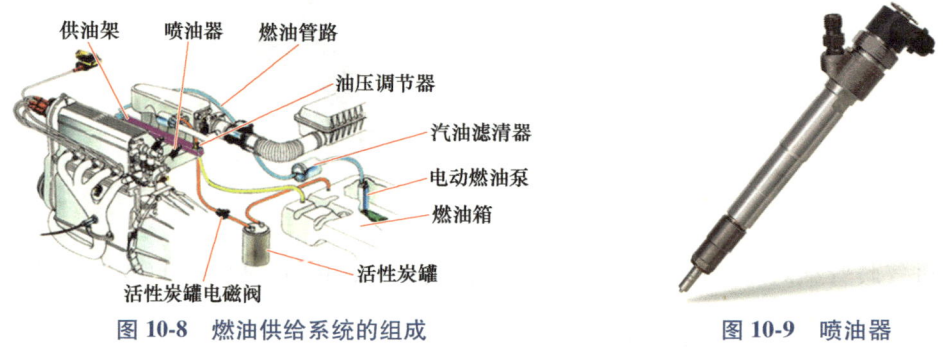

图 10-8 燃油供给系统的组成　　　　图 10-9 喷油器

（2）原理 电动燃油泵将燃油从燃油箱内吸出，经滤清器过滤后，由压力调节器（图 10-10）调压，通过油管输送给喷油器，喷油器根据 ECU 的指令向进气管喷油。燃油泵供给的多余燃油经低压回油管流回燃油箱。

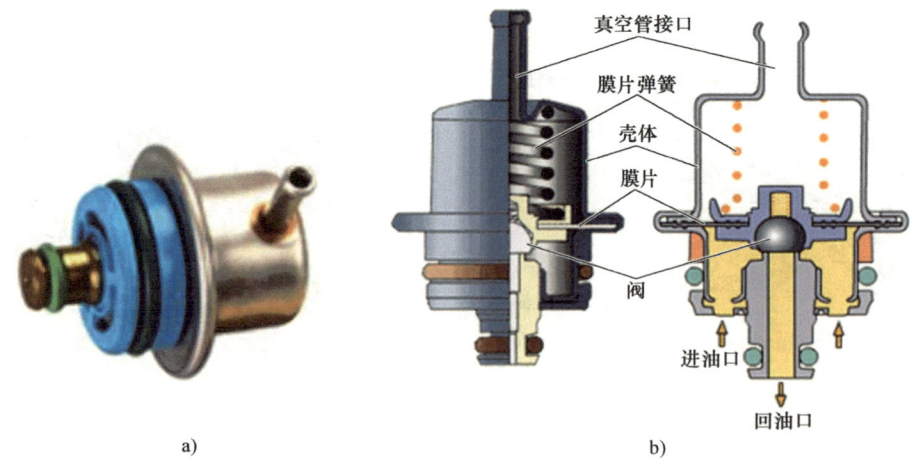

图 10-10 燃油压力调节器
a）外形　b）结构

3. 电控系统

电控系统由传感器、电控单元和执行器 3 部分组成，如图 10-11 所示。

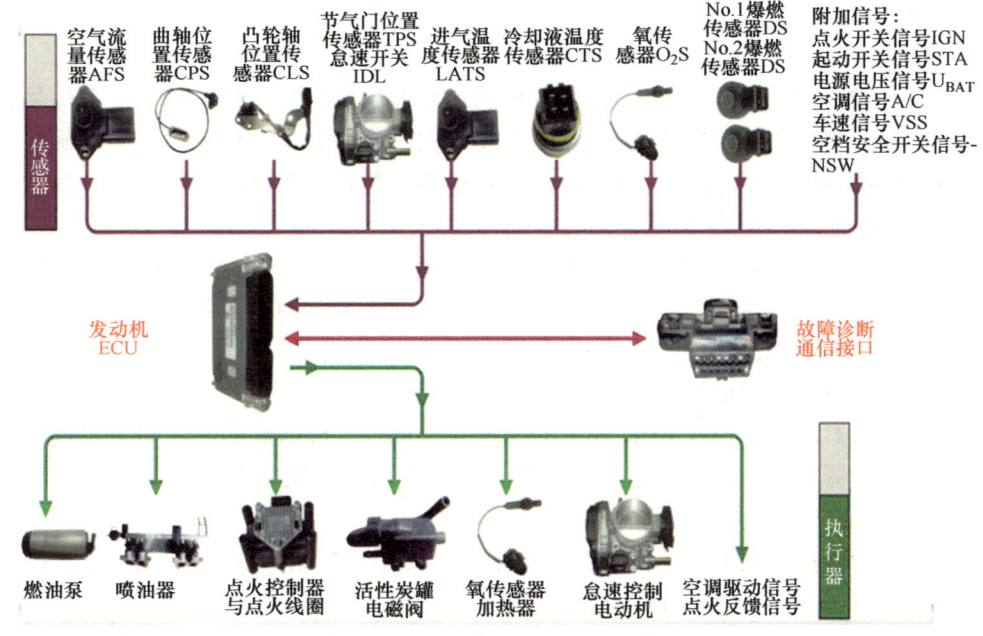

图 10-11 电子控制系统的组成

（1）传感器 传感器是一种信号检测与转换装置，安装在发动机的各个部位，其功能是检测发动机运行状态的各种电量参数、物理量和化学量等，并将这些参量转换成计算机能够识别的电量信号输入电控单元。

1）空气流量传感器：空气流量传感器或进气歧管绝对压力传感器，用于检测吸入发动机气缸进气量的多少。空气流量传感器可以直接检测发动机的进气量，进气歧管压力传感器只能间接检测发动机的进气量。它们安装在进气道上。

2）冷却液温度传感器：安装在水道或散热器处，用于检测发动机冷却液的温度。冷却液温度传感器采用热敏电阻式，有正温度系数式和负温度系数式两类。

3）进气温度传感器：安装在空气滤清器或节气门体处，常用热敏电阻式，其原理与冷却液温度传感器的原理相同，用于检测吸入发动机气缸空气的温度。

4）发动机转速与曲轴位置传感器：安装在曲轴前端或飞轮、凸轮轴前端或分电器内，主要有电磁感应式、霍尔感应式和光电感应式 3 种，用于检测发动机曲轴的转速和转角。

5）车速传感器：安装在组合仪表中，用来检测汽车的行驶速度。

6）爆燃传感器：安装在发动机机体上，用于检测发动机是否产生爆燃以及爆燃强度。

7）节气门位置传感器：安装在节气门体上，用于检测节气门开度（如节气门关闭、部分开启和全开等）。此外，电控单元通过计算节气门位置传感器信号的变化率，便可得到汽车加速或减速信号。

8）氧传感器：安装在排气管处，用于检测排气管排出废气中氧离子的含量来计算可燃混合气空燃比的大小。

节气门位置传感器的检测（电压）

节气门位置传感器的检测（电阻）

(2) 电控单元 电控单元（Electronic Control Unit，ECU）是发动机电控系统的核心部件。其功能是根据各种传感器和控制开关输入的信号参数，对喷油量、喷油时刻和点火时刻等进行实时控制。

电控单元主要由输入回路、单片机和输出回路三部分组成。

发动机电控单元的主要功用是接收各种传感器和控制开关输入的发动机工况信号，根据电控单元内部预先编制的控制程序和存储的试验数据，通过数学计算和逻辑判断确定适合发动机工况的喷油时间和点火提前角等参数，并将这些参数转换为电信号控制各种执行元件完成执行动作，从而使发动机保持最佳运行状态。

(3) 执行器 执行器又称为执行元件，是控制系统的执行机构。其功用是接收ECU发出的控制指令并完成具体的执行动作，从而使发动机处于最佳的运行状态。

发动机电控系统常用的执行器有以下几种：

1）电动燃油泵：用于供给发动机规定压力的燃油。

2）电磁喷油器：用于接收ECU发出的喷油脉冲信号，按给定的燃油喷射量进行喷油。

3）点火控制器和点火线圈：用于接收电控单元发出的控制指令，适时接通或切断点火线圈一次绕组电流，并产生高压电点着可燃混合气。

4）怠速控制阀：装在节气门旁通空气孔上，其功用是根据ECU的控制信号来改变旁通节气门体至进气歧管的空气量，以维持怠速的稳定性。

5）废气再循环（EGR）阀：用于降低NO_x的排放量。其基本原理是将5%~20%的废气引入进气管，与新鲜混合气一起进入燃烧室，使最高燃烧温度降低，从而减少NO_x的生成量。

6）活性炭罐电磁阀：发动机工作时，ECU根据发动机的转速、温度、空气流量等信号，控制活性炭罐电磁阀的动作来控制排放电磁阀上部的真空度，从而控制排放电磁阀的开闭动作。当排放控制阀打开时，燃油蒸气通过阀中的定量排放小孔吸入进气歧管，然后进入气缸中燃烧。

五、注意事项

1）遵守实验室规章制度，未经许可不得移动和拆卸仪器与设备。

2）保证人身安全和教具完好。

3）未经许可，严禁擅自扳动教具和设备的电气开关、点火开关和起动开关。

六、学习评价

	自我反思	自我评价	存在问题及解决方案
自我反思与自我评价	是否掌握了燃油系统的组成	是□ 否□	
	是否掌握了空气供给系统的组成	是□ 否□	
	是否能在实车上指出各个传感器和执行器	是□ 否□	
	是否愿意将自己的理解和建议与小组成员沟通和探讨	是□ 否□	
	是否愿意接受其他成员的建议	是□ 否□	
	是否通过学习该任务获得了经验	是□ 否□	
	是否希望继续和组内成员合作完成其他任务	是□ 否□	

（续）

评价项目		评价等级	存在问题和解决方案
小组评价	参与度	☆☆☆☆☆	
	完成度	☆☆☆☆☆	
	贡献度	☆☆☆☆☆	
	发言量	☆☆☆☆☆	
	沟通交流	☆☆☆☆☆	
教师评价	优点	不足	存在问题和解决方案

七、任务评分

项目	评分标准	分值	得分
接受任务	明确工作任务，理解任务在企业工作中的重要程度	5	
收集信息	完整、准确地收集信息资料	5	
制订计划	按照工作规范及要求制订合适的行动计划	5	
	能协同小组人员安排任务分工	5	
	能在计划实施前准备好需要的工具和器材	5	
计划实施	遵守安全操作规程，正确使用工具、量具，操作现场整洁	5	
	安全防护、劳动防护	5	
	说出燃油系统的组成	8	
	在实车上指出燃油系统的组成部件	10	
	说出燃油系统各部件的作用	10	
	说出空气供给系统的组成	7	
	在实车上指出空气供给系统的组成部件，说出其作用	10	
质量检查	操作过程规范，操作结束后能对现场进行整理	10	
评价反馈	能对自身表现情况进行客观评价	5	
	能在任务实施过程中发现自身存在的问题	5	
	合计	100	

任务十一　拆装及检测汽油机喷油器

一、任务描述

维修技师王工对一辆动力不足并且发动机运转抖动的车辆进行检测后,发现故障可能是喷油器的故障,于是让小刘进行喷油器拆装、检测、清洗、测试等工作。假设你是小刘,请你对实训车辆完成以上操作。

二、任务目标

1. 知识目标

1)掌握典型电控燃油喷射系统的工作过程。
2)熟悉喷油器的组成部件。

2. 技能目标

1)能正确进行喷油器的拆装。
2)能正确进行喷油器的清洗工作。
3)能正确进行喷油器雾化效果的检验。
4)能正确进行喷油量和密封性检测。

3. 素养目标

1)秉承"做事情做到极致,做工人要做到最好"的信念,精益求精,追求卓越,勇于奋斗,努力传承工匠精神。
2)培养学生独立思考、深入探究的工作习惯,不断积累经验,学会总结、反思。

三、设备器材和技术要求

1. 设备器材

帕萨特1.8T乘用车、举升机、燃油系统免拆清洗机或普通喷油器清洗机、干式化学灭火器、喷油器检测仪及常用工具、清洗液、喷油器专用清洗液、棉纱或毛巾。

2. 技术要求

序号	检查项目	技术要求
1	电磁式喷油器的电阻	电阻 11~17kΩ,各缸喷油器电阻值相差≤1kΩ
2	电磁式喷油器滤网	干净无杂物
3	电磁式喷油器密封圈	完好无破损、无老化等现象
4	电磁式喷油器外观	表面干净无油泥
5	电磁式喷油器插头	干净,端子无腐蚀、无氧化,接触良好
6	电磁式喷油器喷射检测	喷射效果均匀,有一定锥角 常喷 15s 喷油量一般为 50~70mL,且各缸喷油量不允许相差 10% 若达不到要求,需进行清洗。若清洗后还达不到要求,需更换
7	电磁式喷油器滴油检测	加压测试,1min 内不允许超过 1 滴

项目四　燃油供给系统的拆装与调试

四、相关知识

电控汽油机燃油供给系统的作用是向发动机及时地供应各种工况下所需要的燃油量。它一般包括燃油箱、电动燃油泵、燃油滤清器、汽油压力调节器、喷油器等装置，有的汽车燃油供给系统中还装有燃油压力缓冲器。在电控燃油喷射系统（EFI）中，由电动燃油泵将燃油从燃油箱中泵出，经过燃油滤清器过滤杂质，由燃油压力调节器将压力调整到比进气管压力高一定压力值，然后经输油管配送到燃油分配管再分配给各缸喷油器；喷油器根据ECU发出的喷射信号把适量燃油喷射到进气歧管中。当油路压力超过规定值时，燃油压力调节器工作，多余的燃油返回燃油箱，从而保证送给喷油器的燃油压力不变；当发动机冷却液温度低时，控制单元控制喷油器喷出更多的燃油，以改善发动机低温时的起动性能。

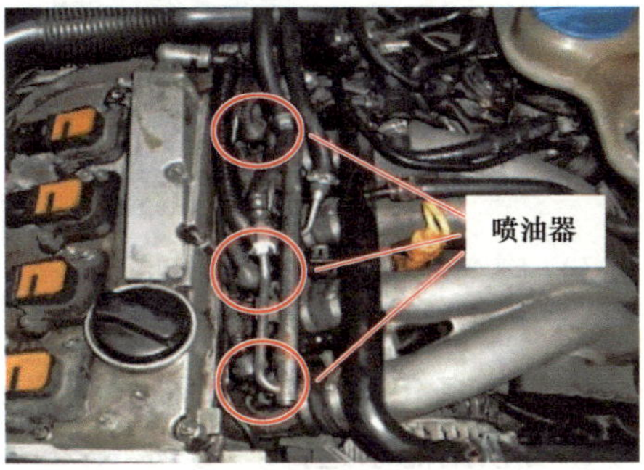

五、任务实施

1. 喷油器安装位置的确认

喷油器的安装位置如图11-1所示。

2. 喷油器的拆卸

由于燃油供给系统中油压较高，要防止燃油飞溅出来，必须先进行泄压操作。泄压后燃油供给系统中还会有残留燃油，在拆卸喷油器时需注意可能有燃油溢出，可预先在接头下方垫上一块毛巾以吸收溢出的燃油。

图 11-1　喷油器的安装位置

1）先拆外围部件：拆卸进油管（图11-2），拆卸喷油器（图11-3）。

图 11-2　拆卸进油管

图 11-3　拆卸喷油器

2）从较难拆卸部位开始：取下喷油器卡簧（图11-4），旋动取下喷油器（图11-5）。

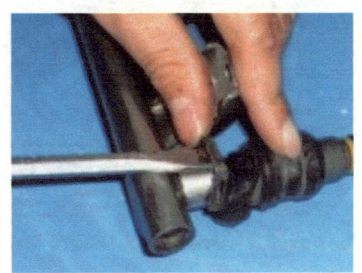

图 11-4　取下喷油器卡簧

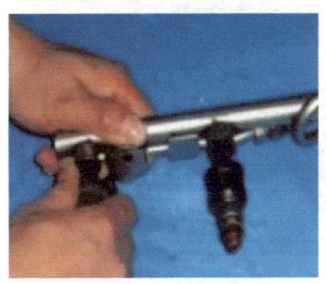

图 11-5　旋动取下喷油器

3. 部件检查与清洁

1）用万用表检测喷油器的电阻值，如图 11-6 所示（高电阻：11～17kΩ，且各缸喷油器电阻值相差不超过 1kΩ）。

2）检查喷油器滤网是否干净、无杂物，若脏污则清洗喷油器，如图 11-7 所示。

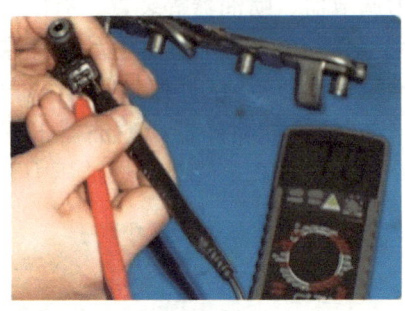 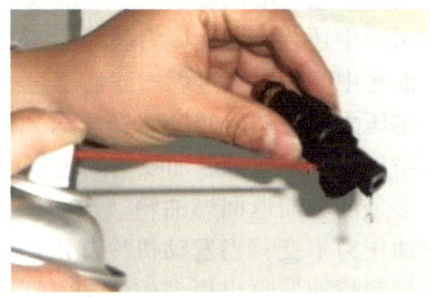

图 11-6　使用数字万用表检测喷油器　　　　　图 11-7　清洗喷油器

3）检查喷油器的密封圈是否完好、无破损，如图 11-8 所示。

4. 喷油器表面的清洗

(1) 准备工作　在喷油器检测仪中加入适量清洗液，如图 11-9 所示。其检测设备种类较多，可根据需求选择。

图 11-8　检查喷油器的密封圈　　　　　图 11-9　添加清洗液

(2) 连接喷油器测试插头　连接喷油器测试插头，如图 11-10 所示。

(3) 清洗喷油器　做好基本设定，如图 11-11 所示，开始超声波清洗，然后清洗喷油器内孔，进行基本检测。

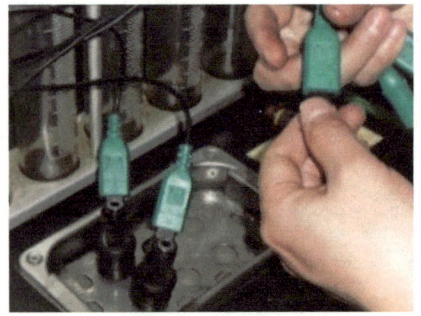 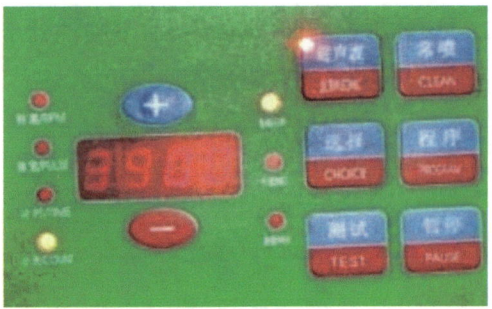

图 11-10　连接喷油器测试插头　　　　　图 11-11　基本设定

5. 喷油器内部的清洗、测试

（1）**安装喷油器**　将被检测的喷油器安装在清洗机上，如图 11-12 所示。安装前，在密封圈上抹上少许润滑脂。

（2）**连接喷油器测试插头**　安装电源插头时可以自由插接，如图 11-13 所示。

图 11-12　安装喷油器

图 11-13　连接喷油器测试插头

6. 喷油雾化效果的检验

1）选择相应程序并按下测试按钮，如图 11-14 所示。

2）观察喷射效果（均匀、一定锥角），如图 11-15 所示。

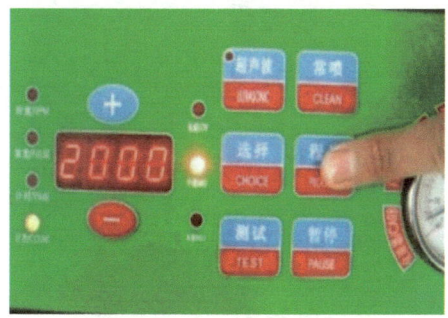

图 11-14　按下测试按钮

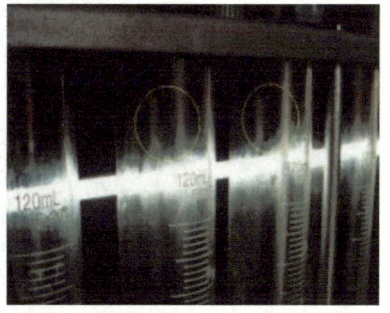

图 11-15　观察喷射效果

7. 喷油量和密封性检测

1）选择常喷模式，检查量杯中喷油量是否符合要求（常喷 15s 喷油量一般为 50~70mL，且各缸喷油量不允许相差 10%）。常喷模式操作按钮如图 11-16 所示，喷油情况如图 11-17 所示。

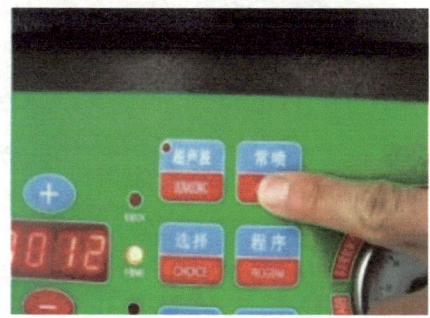

图 11-16　常喷模式操作按钮

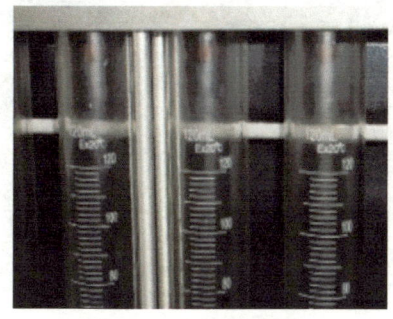

图 11-17　喷油情况

2)关闭状态,加压测试喷油器滴油情况（1min 内不允许超过 1 滴）。其操作按钮和滴油情况如图 11-18 所示。

图 11-18　加压测试喷油器滴油情况

8. 部件组装
检验调试完成后,将部件装复。
1)在密封圈周围均匀地涂上润滑油,如图 11-19 所示。
2)安装喷油器时需用力均匀,卡片应安装到位,如图 11-20 所示。

 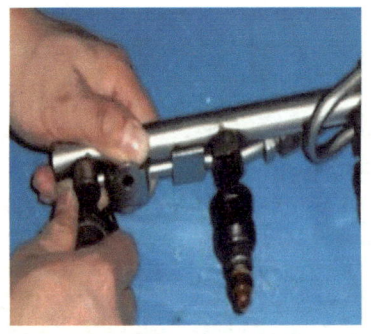

图 11-19　在密封圈周围涂上润滑油　　　　图 11-20　安装喷油器

9. 喷油器组件组装
1)安装油轨固定螺栓及管路接头,如图 11-21 所示。
2)连接各缸喷油器插头,如图 11-22 所示。

图 11-21　安装油轨固定螺栓　　　　图 11-22　连接喷油器插头

10. 竣工检验

职业素养要求：维修结束，必须对所维修项目进行竣工检验，以确保安装到位，防止出现意外。

1）检查管路接头、喷油器结合部位是否渗油，如图 11-23、图 11-24 所示。

图 11-23　检查油管是否漏油

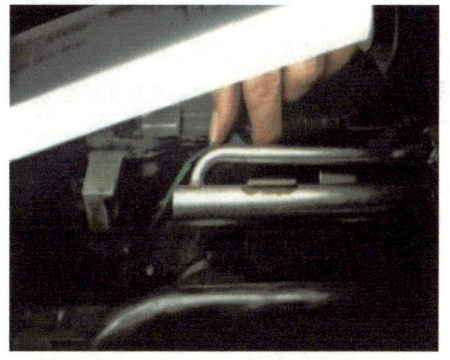

图 11-24　使用灯光检查死角位置

2）整体外观检查，如图 11-25 所示，检查拆卸过的部位。
3）安装外围附件，如图 11-26 所示。

图 11-25　整体外观检查

图 11-26　安装外围附件

六、注意事项

1）正确使用举升机及检测设备。
2）在工作场地禁止明火和吸烟，确保通风性能良好。
3）燃油供给系统压力较高，要防止燃油飞溅出来伤人眼睛，拆卸前必须对系统进行泄压。
4）拆卸油管时，应注意用棉纱擦净油滴，防止检修电器时打火而发生危险。
5）严禁在拆卸油管时起动发动机。
6）在组装燃油回路零部件时，原先使用的各种垫片应更换新件。
7）维修作业完成后，应检查燃油系统是否有漏油现象。

七、学习评价

	自我反思	自我评价	存在问题及解决方案
自我反思与自我评价	是否掌握了喷油器的拆装方法及步骤	是□ 否□	
	是否掌握了喷油器电阻的测量方法及测量标准	是□ 否□	
	是否能独自拆装、检测、清洗、测试喷油器	是□ 否□	
	是否愿意将自己的理解和建议与小组成员沟通和探讨	是□ 否□	
	是否愿意接受其他成员的建议	是□ 否□	
	是否通过学习该任务获得了经验	是□ 否□	
	是否希望继续和组内成员合作完成其他任务	是□ 否□	
	评价项目	评价等级	存在问题和解决方案
小组评价	参与度	☆☆☆☆☆	
	完成度	☆☆☆☆☆	
	贡献度	☆☆☆☆☆	
	发言量	☆☆☆☆☆	
	沟通交流	☆☆☆☆☆	
	优点	不足	存在问题和解决方案
教师评价			

八、任务评分

项目	评分标准	分值	得分
接受任务	明确工作任务,理解任务在企业工作中的重要程度	5	
收集信息	完整、准确地收集信息资料	5	
制订计划	按照工作规范及要求制订合适的行动计划	5	
	能协同小组人员安排任务分工	5	
	能在计划实施前准备好需要的工具和器材	5	
计划实施	遵守安全操作规程,正确使用工具、量具,操作现场整洁	5	
	安全防护、劳动防护	5	
	喷油器电阻的测量	10	
	喷油器滤网的检测	5	
	喷油器密封圈的检测	5	
	喷油器的外观检测	5	
	喷油器的喷射检测	20	

（续）

项目	评分标准	分值	得分
质量检查	操作过程规范，操作结束后能对现场进行整理	10	
评价反馈	能对自身表现情况进行客观评价	5	
	能在任务实施过程中发现自身存在的问题	5	
合计		100	

任务十二　拆装汽油机燃油供给系统元件及检测油压

一、任务描述

维修技师王工对一辆动力不足的车辆进行检测后，发现故障为燃油系统故障，于是让小刘对燃油系统进行拆装及油压检测等工作。假设你是小刘，请你完成以上工作任务。

二、任务目标

1. 知识目标

1）熟悉电控燃油供给系统的组成部件。
2）熟悉电控燃油供给系统主要部件失效可能产生的故障现象及排除方法。

2. 技能目标

1）能正确检测电控燃油泵的工作性能及拆装燃油泵。
2）能正确更换燃油滤清器。
3）能正确安装燃油压力表。
4）能正确检测电控燃油供给系统油压。

3. 素养目标

1）增强学生安全操作意识，避免安全事故发生。
2）提升自我激励意识和责任心，树立精益求精的工匠精神，增强行业认同感。

三、设备器材和技术要求

1. 设备器材

帕萨特 1.8T 乘用车、举升机、燃油滤清器、燃油压力表、干式化学灭火器、燃油压力表及常用工具、棉纱或毛巾。

2. 技术要求

序号	检查项目		技术要求
1	燃油滤清器的安装		注意安装方向（通常会有箭头）
2	燃油滤清器油管的安装		管接头处不得有渗油、漏油现象
3	燃油系统的压力（相对燃油压力调节器）		燃油压力应在 0.30MPa（3.0bar）左右
4	检测燃油系统工作油压（发动机正常工作温度下）	急速时油压	0.25~0.30MPa（2.5~3.0bar） 拔下燃油压力调节器上的真空管，油压上升 0.05MPa（0.5bar）左右
5		中速时油压	燃油压力变化不大
6		高速时油压	比急速时提高 0.03MPa（0.3bar）左右
7		油压保持状况	发动机熄火 10min 后，系统油压应不低于 0.20MPa（2.0bar）

四、相关知识

1. 燃油泵的作用

电动燃油泵的作用是向发动机输送充足的燃油并维持足够的压力,以保证燃油在所有工况下有效地喷射。根据电动燃油泵的安装位置,其可分为内置式和外置式两种。其中,内置式是将电动燃油泵安装在燃油箱内;外置式是将电动燃油泵安装在燃油箱外。现在绝大多数轿车采用内置式电动燃油泵。

2. 燃油滤清器的作用

燃油滤清器的作用是将汽油中的氧化铁、粉尘等杂质滤去,防止燃油系统堵塞,减少机件的磨损,确保发动机稳定工作,提高可靠性。

3. 燃油压力调节器的作用

燃油压力调节器有两种,一种是绝对压力调节器(安装在燃油箱内,一般燃油系统还装有燃油缓冲器),它可使喷油器内的燃油压力保持恒定,但喷油器喷射压力会随进气歧管压力的变化而改变;另一种是相对压力调节器(安装在燃油分配管上),它可使喷油器内的燃油压力随进气管压力的变化而改变,以保证喷油器的喷油压力恒定。

相对压力调节器的作用:汽油机燃油供给系统中,当油路的压力升高时,相对压力调节器起作用,多余的燃油返回燃油箱,从而保持喷油器的喷油压力与进气歧管真空度的总和保持不变。

绝对压力调节器的作用:当燃油泵泵油压力高于燃油系统压力时,绝对压力调节器起作用,多余的燃油流回燃油箱内,从而保证喷油器内的燃油压力恒定。

五、任务实施

1. 燃油泵的拆装

(1) 拆卸燃油泵

1)切断蓄电池电源,清洁燃油箱上的污物。

2)拔下燃油泵电源插头、油管,使用专用工具拆卸燃油泵。

3)把燃油泵从燃油箱里取出来。燃油泵的安装位置如图 12-1 所示。

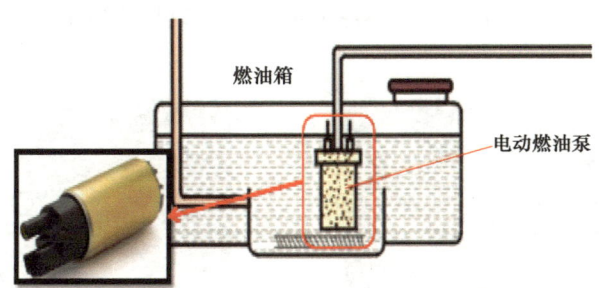

图 12-1 燃油泵的安装位置

4)严禁干试燃油泵。

(2) 安装燃油泵

1)把燃油泵固定好。

2）安装燃油管（油管接头不得有漏油现象）。燃油管在车上的安装位置如图 12-2 所示。
3）插接电源插头。注意正、负极，特别是安装新泵时更要注意。
4）接通蓄电池电源，检查燃油泵工作状况，查看有无漏油或渗油现象。

2. 燃油滤清器的更换

1）卸掉燃油系统的油压。
2）查找、拆装燃油滤清器。燃油滤清器在车上的安装位置如图 12-3 所示。

图 12-2　燃油管在车上的安装位置

图 12-3　燃油滤清器在车上的安装位置

3）更换燃油滤清器时，注意滤清器的安装方向，通常滤清器上有方向指示标记。
4）安装滤清器油管，不得有渗油现象。
5）安装好燃油滤清器后，起动发动机观察和手摸有无漏油现象，检查重点是油管接头处。

3. 燃油系统油压的检测

（1）释放燃油系统的压力

1）拔下油泵继电器或电动燃油泵导线接线。
2）起动发动机，维持怠速运转，直到发动机熄火。
3）使发动机起动 2~3 次即可完全释放燃油系统的压力。
4）关闭点火开关，装上油泵继电器或电动燃油泵电源接线。

（2）安装燃油压力表

1）在燃油导轨的进油管接口处放置吸水性好的抹布，如图 12-4 所示。
2）松开燃油导轨的进油管接口。

注意：使用 14mm 和 17mm 的呆扳手各 1 把，不能只用 17mm 的呆扳手松开进油管，如图 12-5 所示。

图 12-4　放置吸水性好的抹布

图 12-5　两把扳手拆卸燃油管

3）将燃油压力表挂在发动机盖上，如图12-6所示。注意：压力表悬挂要牢固。

4）将燃油压力表串联在燃油供给系统中。安装完成的燃油压力表如图12-7所示。

注意：检查各个接头是否有燃油泄漏，如图12-8所示。

图12-6 安装燃油压力表

图12-7 安装完成的燃油压力表

5）起动车辆，观察燃油压力表指示值，燃油压力应在0.3MPa左右。发动机燃油系统复位。

注意：检查接头是否有泄漏现象。

(3) 检测燃油压力

1）检测燃油压力调节器的工作状况。

燃油压力调节器在车上的安装位置如图12-9所示，通常与燃油分配管组装在一起。拆下燃油压力调节器上真空软管，用手堵住进气管一侧，检查燃油供给系统的压力，燃油压力表指示的压力值应为0.25~0.35MPa。若油压过低，可夹住回油软管以切断回油管路，再检查燃油压力表指示压力值，若压力恢复，说明燃油压力调节器有故障，需更换。若更换燃油压

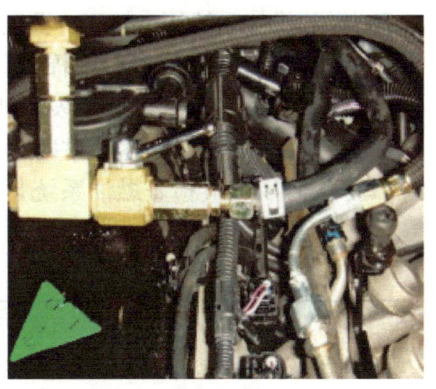
图12-8 检查接头有无漏油

力调节器后压力仍过低，应检查是否有堵塞或泄漏，如果没有，应更换燃油泵。若油压过高，应检查回油管是否堵塞；若正常，说明燃油压力调节器有故障。

图12-9 燃油压力调节器在车上的安装位置

2）检测燃油系统工作油压（发动机达到工作温度时，在不同工况下检测燃油压力）。

① 急速时，燃油油压一般为0.25~0.30MPa。拔去燃油压力调节器上的真空管，油压应

上升 0.05MPa 左右。

② 中速时，燃油压力一般变化不大。

③ 高速时，燃油压力比怠速时提高 0.03MPa 左右。

3）检测燃油保压状况。发动机熄火 10min 后检查系统油压变化，一般系统油压应不低于 0.20MPa。

4）检查完毕后，再次释放燃油供给系统的油压，拆下燃油压力表，装复燃油供给系统。

六、注意事项

1）正确使用举升机及工具和量具。
2）在安装燃油泵的过程中，断开蓄电池电源，注意防火措施。
3）严禁干试燃油泵。
4）更换下来的燃油滤清器不要随便乱丢弃。
5）在安装燃油压力表的过程中，注意防火措施。
6）在工作场地禁止明火和吸烟，确保通风性能良好。
7）燃油供给系统压力较高，要防止燃油飞溅出来伤人眼睛，拆卸前必须对系统进行泄压。
8）拆卸油管时，应注意用棉纱擦净油滴，防止检修电器时打火而发生危险。
9）严禁在拆卸油管时起动发动机。
10）在组装燃油回路零部件时，所使用的各种垫片应更换新件。
11）维修后，应检查燃油系统是否有漏油现象。

七、学习评价

	自我反思	自我评价	存在问题及解决方案
自我反思与自我评价	是否掌握了燃油系统泄压的方法及步骤	是□ 否□	
	是否掌握了燃油压力的测量方法及测量标准	是□ 否□	
	是否能独自拆装燃油滤清器	是□ 否□	
	是否能独自拆装燃油泵	是□ 否□	
	是否能独自拆装燃油压力表	是□ 否□	
	是否愿意将自己的理解和建议与小组成员沟通和探讨	是□ 否□	
	是否愿意接受其他成员的建议	是□ 否□	
	是否通过学习该任务获得了经验	是□ 否□	
	是否希望继续和组内成员合作完成其他任务	是□ 否□	
	评价项目	评价等级	存在问题和解决方案
小组评价	参与度	☆☆☆☆☆	
	完成度	☆☆☆☆☆	
	贡献度	☆☆☆☆☆	
	发言量	☆☆☆☆☆	
	沟通交流	☆☆☆☆☆	

（续）

教师评价	优点	不足	存在问题和解决方案

八、任务评分

项目	评分标准	分值	得分
接受任务	明确工作任务，理解任务在企业工作中的重要程度	5	
收集信息	完整、准确地收集信息资料	5	
制订计划	按照工作规范及要求制订合适的行动计划	5	
	能协同小组人员安排任务分工	5	
	能在计划实施前准备好需要的工具和器材	5	
计划实施	遵守安全操作规程，正确使用工具、量具，操作现场整洁	5	
	安全防护、劳动防护	5	
	燃油泵的拆装	10	
	燃油泵插头的检测	5	
	燃油滤清器的拆装	10	
	油管接头漏油的检测	5	
	燃油压力的检测	15	
质量检查	操作过程规范，操作结束后能对现场进行整理	10	
评价反馈	能对自身表现情况进行客观评价	5	
	能在任务实施过程中发现自身存在的问题	5	
	合计	100	

任务十三　拆装及校验柴油机喷油器

一、任务描述

维修技师王工检测一辆柴油动力汽车，经过分析需要对喷油器进行进一步检测，于是让小刘对喷油器进行拆装、清洗和检验等工作。假设你是小刘，请你完成以上工作任务。

二、任务目标

1. 知识目标

1）熟悉喷油器的作用和组成。
2）了解喷油器的工作原理和喷油器的类型。

2. 技能目标

1）能正确进行喷油器的拆装。
2）能正确检测喷油器的针阀开启压力、喷雾质量和针阀密封性。

3. 素养目标

1）培养严谨、科学的思维习惯和行业创新操作意识，增强民族认同感和自豪感。
2）培养学生严谨细致、认真负责的工作态度，树立精益求精的工匠精神。

三、设备器材和技术要求

1. 设备器材

喷油器手泵试验台、喷油器校验器、多孔喷油器、常用工具、专用工具。

2. 技术要求

序号	检查项目		技术要求
1	喷油器针阀的开启压力	新	14.8~15.6MPa（148~156bar）
2		旧	14.2~15.2MPa（142~152bar）
3	喷油器喷雾质量		喷出燃油呈雾状，不应有肉眼可见的飞溅油粒、连续油粒和局部浓稀不均现象。否则，应更换或清洗喷油器
4	喷油器针阀密封性检验		将油压保持在开启压力以下约2MPa进行检查，10s内喷油孔或固定螺母周围应无滴油现象。否则，应更换或清洗喷油器
5	将针阀、针阀体、紧固螺母装到喷油器体上，螺母的拧紧力矩		60~80 N·m

四、相关知识

1. 喷油器的功用

喷油器的功用是将喷油泵供给的高压燃油以一定的压力呈雾状喷入燃烧室。

2. 喷油器的要求

1）雾化均匀。

2）具有一定的喷射压力、射程和合适的喷注锥角。

3）断油迅速、无滴漏现象。

3. 喷油器的形式

目前采用的喷油器都是闭式喷油器，有孔式喷油器和轴针式喷油器两种（图13-1）。

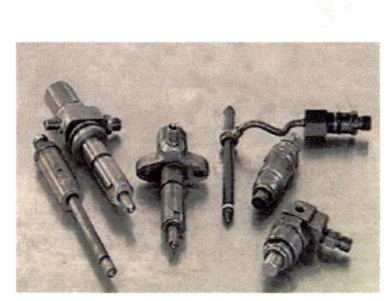 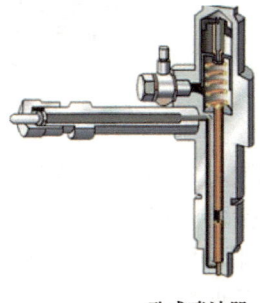 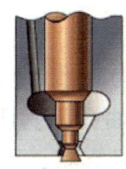

孔式喷油器　　　　轴针式喷油器

图 13-1　喷油器的分类

五、任务实施

1. 喷油器的拆卸

1）从发动机上拆卸喷油器时，首先拆下高压油管和固定螺母，然后用木锤震松喷油器，取出总成（视需要可用顶拔器拉出）。

2）从发动机上拆下喷油器总成后，应先清洗外部，然后逐一在喷油器手泵试验台上进行检验，检查喷射初始压力、喷雾质量和漏油情况。如果质量良好，则不必解体。

3）分解时，先分解喷油器的上部。旋松调压螺钉紧固螺母，取出调压螺钉、调压弹簧和顶杆，将喷油器倒夹在台虎钳上，旋下针阀体紧固螺母，取下针阀体和针阀。

4）针阀偶件应成对浸泡在清洁的柴油里。如果针阀和针阀体难以分开，可用钳子垫上橡胶片夹住针阀尾端拉出。

2. 喷油器零件的清洗

1）用钢丝刷清理零件表面的积炭和脏物，喷油器体和针阀体的油道可用通针或直径适当的钻头疏通。

2）针阀体偶件应单独清洗。零件表面积垢的褐色物质可用乙醇或丙酮等有机溶剂浸泡后再仔细擦除。最后，将喷油器偶件放在柴油中来回拉动针阀清洗，堵塞的喷孔用直径0.3mm的通针清理。清理时，注意避免损伤喷孔。

3）清洗过的零件用压缩空气吹去孔道中遗留的杂质，最后用汽油浸洗后吹干备用。

3. 喷油器的校验

（1）喷油器在校验器上的安装　安装方法如图13-2所示。

（2）喷油器针阀开启压力的检验　用手缓慢地压下泵油手柄多次，观察压力表指针。当喷油器开始喷油的瞬时，指针突然下降前所指示的最高压力值即为喷油器针阀开启压力。如果开启压力达不到规定值，可拧动喷油器上端的调整螺钉调整调压弹簧的弹力。

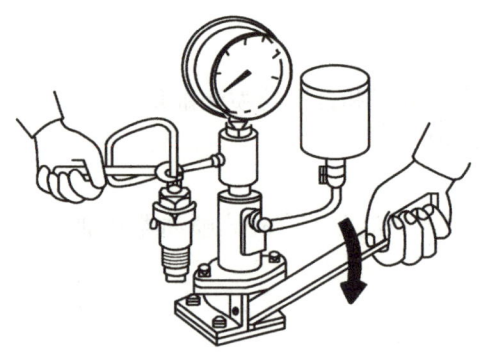

图 13-2　喷油器在校验器上的安装

开启压力标准：新喷油器为 14.8~15.6MPa，旧喷油器为 14.2~15.2MPa。

（3）**喷油器喷雾质量的检验**　将校验器手柄每分钟按动 15~60 次，检查喷雾形状。喷出的燃油应呈雾状，不应有肉眼可见的飞溅油粒、连续油粒和局部浓稀不均现象，如图 13-3 所示。否则，应更换或清洗喷油器。

（4）**喷油器针阀密封性检验**　将油压保持在开启压力以下约 2MPa 进行检查，10s 之内喷油孔或固定螺母周围应无滴油现象，如图 13-4 所示。否则，应更换或清洗喷油器。

图 13-3　喷油器喷雾质量的检验

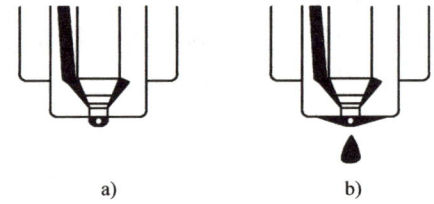

图 13-4　喷油器针阀密封性的检验

a）正常　b）有故障

4. 喷油器的装配

1）将针阀、针阀体、紧固螺母装到喷油器体上，螺母的拧紧力矩为 60~80N·m。
2）从喷油器体上部装入顶杆、调压弹簧、调压螺钉，拧上调压螺钉紧固螺母。
3）安装进油管接头。总成调试完毕后，安装护帽。

六、注意事项

1）分解过程中应注意保护针阀的精加工表面。
2）在分解后，喷油器垫片应与原配喷油器体放置在一起保存好，喷油器与座孔间的锥形垫圈应与原喷油器体放置在一起。装配时，注意针阀体和定位销钉对准。

3）喷油器零件经清洗吹干并检验合格后，必须在高度清洁的场所进行装配。

七、学习评价

	自我反思	自我评价	存在问题及解决方案
自我反思与自我评价	是否掌握了喷油器针阀开启压力的检验方法及检验标准	是□ 否□	
	是否掌握了喷油器喷雾质量的检验方法及检验标准	是□ 否□	
	是否掌握了喷油器针阀密封性的检验方法及检验标准	是□ 否□	
	是否愿意将自己的理解和建议与小组成员沟通和探讨	是□ 否□	
	是否愿意接受其他成员的建议	是□ 否□	
	是否通过学习该任务获得了经验	是□ 否□	
	是否希望继续和组内成员合作完成其他任务	是□ 否□	
	评价项目	评价等级	存在问题和解决方案
小组评价	参与度	☆☆☆☆☆	
	完成度	☆☆☆☆☆	
	贡献度	☆☆☆☆☆	
	发言量	☆☆☆☆☆	
	沟通交流	☆☆☆☆☆	
	优点	不足	存在问题和解决方案
教师评价			

八、任务评分

项目	评分标准	分值	得分
接受任务	明确工作任务，理解任务在企业工作中的重要程度	5	
收集信息	完整、准确地收集信息资料	5	
制订计划	按照工作规范及要求制订合适的行动计划	5	
	能协同小组人员安排任务分工	5	
	能在计划实施前准备好需要的工具和器材	5	
计划实施	遵守安全操作规程，正确使用工具、量具，操作现场整洁	5	
	安全防护、劳动防护	5	
	喷油器的清洗	10	
	喷油器在校验器上的安装	5	
	喷油器针阀开启压力的检验	10	
	喷油器喷雾质量的检验	10	
	喷油器针阀密封性的检验	10	

（续）

项目	评分标准	分值	得分
质量检查	操作过程规范，操作结束后能对现场进行整理	10	
评价反馈	能对自身表现情况进行客观评价	5	
	能在任务实施过程中发现自身存在的问题	5	
	合计	100	

任务十四　拆装与调试柴油机喷油泵

一、任务描述

维修技师王工检测一辆柴油动力车辆，经过检测分析需要对喷油泵进行调试检验，于是让小刘对喷油泵进行调试检验等工作。假设你是小刘，请你完成以上工作任务。

二、任务目标

1. 知识目标

1）了解柴油机供给系统的组成。
2）掌握柴油机供给系统中主要机件的名称、作用和连接关系。
3）掌握喷油泵的工作原理。

2. 技能目标

1）能正确进行喷油泵的拆装。
2）能正确进行喷油泵各缸供油量不均匀、喷油时间不准确、调速器作用时刻不准确等故障的调整。

3. 素养目标

1）通过了解我国汽车行业发展的历史，自信自强、守正创新、勇毅前行。
2）增强细致、严谨、认真的工作态度和责任担当的情怀。

三、设备器材和技术要求

1. 设备器材

A 型喷油泵、喷油泵试验台、常用工具、专用工具（喷油泵凸轮轴柱塞弹簧拆卸器等）、常用量具。

2. 技术要求

序号	检查项目	技术要求
1	A 型直列柱塞泵凸轮轴的轴向间隙	0.05~0.10 mm
2	油泵调试前应排除油路内的空气	调整进油压力为 0.10MPa，进油温度为（40±2）℃
3	额定转速各缸供油不均匀度	≤3%
4	怠速转速各缸供油不均匀度	≤7%
5	出油阀压紧座拧紧力矩	35N·m
6	供油齿杆的拉动阻力	<15N

四、相关知识

1. 柴油机与汽油机的区别

柴油机与汽油机的不同点在于所使用的燃料不同，这也就决定了其结构、工作原理和性能等方面的不同。

1）柴油机的压缩比大，热效率高，经济性能好。柴油机的压缩比一般为16～24，热效率为30%~40%，这两项指标都比汽油机高，因此燃料燃烧充分，经济性能较好。

2）混合气的形成、点火和燃烧方式不同于汽油机。高压柴油喷入燃烧室，与气缸内的纯净空气混合，混合后的气体在燃烧室内被压燃后，柴油机边喷油、边混合、边燃烧。

3）柴油机的排放污染小。柴油机过量空气系数大，因此，一氧化碳和碳氢化合物排放量小，由于气缸内的工作压力和温度较高，使得氮氧化合物较多，大负荷易产生碳烟。

4）柴油机燃油供给系统结构复杂、加工精度高。为保证混合气的形成质量，必须将柴油以高压、高速直接喷入气缸，所以柴油机燃油供给系统的零部件结构复杂，配合精度要求较高。

5）柴油机的故障较少，但排气噪声和振动都较大。

2. 柴油机燃油供给系统的功用

其主要功用是完成燃料的储存、滤清和输送工作；根据柴油机不同工况的要求，不断地供给发动机清洁的燃料和空气，在一定的时间内将一定量的柴油以一定的压力喷入燃烧室，并使其与空气迅速而良好地混合后燃烧；做功后将燃烧废气排出气缸。

3. 柴油机燃油供给系统的组成

柴油机燃油供给系统主要由燃油供给装置、空气供给装置、混合气形成装置和废气排放装置组成。

4. 喷油泵的作用

1）提高油压（定压）：将喷油压力提高到10～20MPa。

2）控制喷油时间（定时）：按规定的时间喷油和停止喷油。

3）控制喷油量（定量）：根据柴油机的工作情况改变喷油量的多少，以调节柴油机的转速和功率。

5. 喷油泵的要求

1）按柴油机工作顺序供油，而且各缸供油量均匀。

2）各缸供油提前角要相同。

3）各缸供油延续时间要相等。

4）油压的建立和供油的停止都必须迅速，以防止滴漏现象发生。

6. 喷油泵的分类

1）柱塞式喷油泵。

2）喷油泵-喷油器式。

3）转子分配式喷油泵。

五、任务实施

下面以A型直列柱塞式喷油泵为例介绍喷油泵的拆装与调试。

1. 喷油泵的拆装

1）堵住低压油路进、出油口和高压油管接头，防止污物进入油路，用柴油、煤油、汽油或中性金属清洗剂清洗泵体外部，旋下调速器底部的放油螺塞，放尽润滑油。

2）将油泵固定在专用拆装架或自制的T形架上，拆下输油泵总成，检视窗盖板、油尺等总成附件及泵体底部螺塞。

3）转动凸轮轴，使1缸滚轮体处于上止点，将滚轮体托板（或销钉）插入调整螺钉与锁紧螺母之间（或挺柱体锁孔中），使滚轮体和凸轮轴脱离。

4）拆下调速器后盖固定螺钉，将调速器后壳后移并倾斜适当角度，拔开连接杆上的锁夹或卡销，使供油齿杆和连接杆脱离。用尖嘴钳取下起动弹簧，取下调速器后壳总成。

5）用专用扳手固定住供油提前角自动调节器，在喷油泵另一端用专用套筒拆下调速飞块支座固定螺母，用顶拔器拉下飞块支座总成，用专用套筒拆下提前器固定螺母，用顶拔器拉下提前器。

6）拆凸轮轴部件。拆卸前，先检查凸轮轴的轴向间隙（0.05～0.10mm）。将测得值与标准值进行比较，即可在装配时知道应增垫片的厚度。若不需要更换凸轮轴轴承，先测间隙也可减少装配时的反复调整。拆下前轴承盖，收好调整垫片，拆下凸轮轴支撑轴瓦。用木锤从调速器一端敲击凸轮轴，将轴和轴承一起从泵体前端取下。若需要更换轴承，可用顶拔器拉下轴承。

7）将泵体检视窗一侧向上放平，用滚轮挺柱顶持器，顶起滚轮部件，拔出挺柱托板（或销钉），取出滚轮体总成。按上述方法，依次取出各缸滚轮体总成。如果需要对滚轮体进行解体，则应先测量，记下其高度，取出柱塞弹簧、弹簧上下座、油量控制套筒，旋出齿杆限位螺钉，取出供油齿杆，旋出出油阀压紧座，用专用工具取出油阀偶件及减容器、出油阀弹簧、柱塞偶件，按顺序放在专用架上。

2. 喷油泵的调试

下面以两速调速器柱塞式喷油泵为例介绍调试步骤。

（1）调试前的准备

1）将喷油泵安装在试验台上，调整喷油泵凸轮轴与试验台输出轴同心。不同类型喷油泵的安装高度可通过喷油泵与试验台安装导轨之间的垫块予以调整。

2）喷油泵调试前应试运转，以排除低压油路和高压油路内的空气。调整进油压力为0.1MPa，进油温度为（40±2）℃，检查喷油泵运转是否平稳、有无异常现象，供油齿杆移动是否自如，各油路接头有无渗漏等。

（2）供油时间的调试（溢油校验法）

1）把喷油泵试验台变速杆放在"0"位，油路转换阀控制杆移至高压油的位置，旋松标准喷油器上的放气螺钉，起动电动机，使柴油自喷油器回油管中连续流出。

2）将喷油泵供油齿杆推到全负荷位置，并沿凸轮轴的工作旋转方向用手缓慢转动喷油泵驱动盘，推动柱塞上行。当1缸喷油器的回油管停止出油（即该柱塞副柱塞开始供油）时，停止转动。调节刻度盘指针，选择"0"位，此时即为1缸开始供油的时刻。检查喷油泵联轴器上的刻线与喷油泵前轴承盖上供油始点标记是否对正，如图14-1所示；如果不能对正，应调整。

3）依照喷油泵的供油顺序，以1缸为准调整其他各缸的供油时间。例如，四缸发动机的供油顺序为1-3-4-2，在调整3缸供油时间

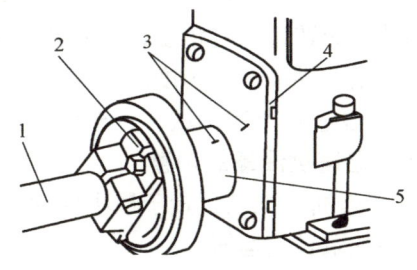

图14-1 供油正时
1—驱动轴　2—联轴器的驱动盘　3—供油正时刻度线　4—喷油泵　5—联轴器的从动盘

时，应以 1 缸开始供油时间在刻度盘上的标记为起点，旋转 90°，正好是 3 缸开始供油时间。各缸供油时间在刻度盘上的误差应在±0.5°范围内。

4）若某缸供油时间过迟，应将该柱塞副挺柱上的正时螺钉旋出；若供油时间太早，则将挺柱上的正时螺钉旋入。反复调试，直至符合标准。

（3）调速器高速起作用时的转速调试

1）起动试验台，把调速器操纵臂向加油方向推到底。

2）慢慢提高试验台的转速并注意观察供油齿杆的变化。当供油齿杆开始向减小供油的方向移动时的转速就是调速器高速起作用的转速，记录下此时的转速。

3）如果该转速与标准值不相符，可分别通过高速限位螺钉和全负荷调整螺钉进行调整，从而增减高速弹簧的弹力来达到要求。一般将高速起作用的转速调整到比最高实际使用转速高 5~10 r/min（指喷油泵转速）。

4）继续提高试验台转速，检查其高速断油转速。记录下此时的转速。

5）如果该转速与标准值不相符，应通过拉力杆螺钉进行调整，并重新检查调速器高速起作用的转速及所对应的齿杆行程。

（4）调速器怠速起作用时的转速调试

1）起动试验台，将试验台调整到低于喷油泵怠速工况的转速。

2）扳动操纵臂使供油齿杆移动到规定行程位置并将操纵臂固定。

3）逐渐增加试验台转速，同时观察供油齿杆的变化。当齿杆开始向减少供油的方向移动时的转速就是调速器怠速起作用的转速。

4）继续增大试验台的转速，检查其怠速断油转速。

5）如果怠速起作用的转速与标准值不相符，应调节怠速弹簧的弹力或更换怠速弹簧来使其达到要求。

（5）额定转速供油量的调整

1）将喷油泵操纵臂置于最大供油位置，使试验台缓慢加速至柴油机额定转速对应的喷油泵转速（即四冲程柴油机喷油泵的转速是柴油机转速的一半）。

2）将量杯倒净，在计数器上设定计量 300 次，观察各缸的供油量。一般要求额定转速供油不均匀度不大于 3%，其计算公式如下：

$$供油不均匀度 = (最大供油量 - 最小供油量)/平均供油量 \times 100\%$$
$$平均供油量 = (最大供油量 - 最小供油量)/2$$

3）不符合标准或不均匀时，松开调节齿圈或柱塞拨叉的夹紧螺钉，将柱塞控制套筒相对于调节齿圈转过一定角度，或柱塞拨叉相对于调节拉杆移动一定距离，再紧固螺钉，即可调整供油量及供油不均匀度。

4）反复进行上述调试，直至供油量及供油不均匀度完全达到规定要求为止。

（6）怠速供油量的调整

1）将喷油泵操纵臂置于最小供油位置，抵到怠速限位螺钉。使试验台以标定怠速转速对应的喷油泵转速运转。

2）将量杯倒干净，在计数器上设定计量 300 次，观察各缸供油量。一般要求供油不均匀度不大于 7%。

3）若供油量不合适，可调整怠速限位螺钉。各缸供油不均匀时，其调试方法同额定转速供油量的调试。

4）反复进行上述调试，直至供油量及供油不均匀度完全达到规定要求为止。

(7) 调整后的复验和注意事项

1）在试验调整的最后阶段，应对所有的试验项目做一次复验。如果发现问题，应及时排除。

2）紧固各部位的调整螺钉，如调节齿圈或拨叉夹紧螺钉、正时螺钉锁紧螺母、调速器各种调节螺钉的锁紧螺母。

3）从试验台上拆下喷油泵后，倒掉内部的润滑油，用柴油冲洗后按规定标准注入干净的柴油。

3. 喷油泵的装配

1）装配时，应在清洁干净的零件表面涂上清洁的润滑油。

2）装供油齿杆。将供油齿杆上的定位槽对准泵体侧面上的齿杆限位螺钉孔，装复限位螺钉，检查供油齿杆的运动阻力（当泵体倾斜45°时，供油齿杆应能靠自重滑动）。

3）装柱塞套筒。将柱塞套筒从泵体上方装入座孔中，其定位槽应恰好卡在定位销上，保证柱塞套完全到位。注意座孔必须彻底清理，防止杂物卡在接触面间造成柱塞套筒偏斜和接触面不密封。

4）将出油阀偶件、密封垫圈、出油阀弹簧、减容器体和出油阀座依次装入泵体。必须注意出油阀座与柱塞套上端面之间应清洁，并保证密封垫圈完好。用35N·m的力矩拧紧出油阀座，若过紧，会引起泵体开裂、柱塞咬死及齿杆阻滞、柱塞套变形，加剧柱塞副磨损。装配后，应检查喷油泵的密封性。

5）装复供油齿圈和油量控制套筒。油量控制套筒通过齿圈凸耳上的夹紧螺钉和齿圈固定成一体，两者不能相对转动。一般零件上有装配记号；没有记号时，应使齿圈的固定凸耳处在油量控制套筒两孔之间居中位置。确定供油齿杆中间位置。将供油齿杆上的记号（刻线或冲点）与泵体端面对齐，或与齿圈上的记号对齐。如果齿杆上无记号，则应使供油齿杆前端面伸出泵体前端面达到说明书规定的距离。装上齿圈和油量控制套筒（左右拉动供油齿杆到极限位置时，齿圈上凸耳的摆动角度应大致相等），并检查供油齿杆的总行程。

6）装入柱塞弹簧上座及柱塞弹簧，将柱塞装入对应的柱塞套，再装上、下弹簧座。注意柱塞下端十字凸缘上有记号的一侧应朝向检视窗。下弹簧有正、反之分，不能装反。

7）装复滚轮挺柱体，调整滚轮挺柱体调整螺钉达到说明书规定高度或拆下时记下的高度。将滚轮体装入座孔，导向销必须嵌入座孔的导向槽内。用力推压滚轮体或用滚轮顶持器和滚轮挺柱托板支起滚轮挺柱。逐缸装复各滚轮体。每装复一个滚轮体都要拉动供油齿杆，检查供油齿杆的阻力。

8）装复凸轮轴和中间支撑轴瓦，装上调速器壳和前轴承盖。注意凸轮轴的安装方向，无安装标记时可根据输出泵驱动凸轮位置确定安装方向。凸轮轴的中间支承应与凸轮轴一起装入泵体，否则，凸轮轴装复后无法装上中间支撑。

喷油泵凸轮轴装到泵体内应有确定的轴向位置和适当的轴向间隙。凸轮轴装复后，应转动灵活，轴向间隙为0.05~0.10mm。装复供油提前角自动调节器，转动凸轮轴，取下各滚轮体托板。拉动供油齿杆，阻力应小于 15N；否则，应查明原因并予以排除。

9）装复输出泵、调速器总成等附件。

六、注意事项

1）喷油泵拆卸后的零部件应按原装配关系放置在清洁的工作台上；精密偶件要放在单独器皿内，用滤清过的轻柴油清洗或存放。

2）零部件进行清洗后用压缩空气吹干。柱塞偶件表面上刻有编号及标记，不得错乱，必要时补印标记。

七、学习评价

	自我反思	自我评价	存在问题及解决方案
自我反思与自我评价	是否掌握了 A 型直列柱塞泵的拆装步骤	是□ 否□	
	是否掌握了 A 型直列柱塞泵的调试步骤	是□ 否□	
	是否掌握了 A 型直列柱塞泵的装配步骤	是□ 否□	
	是否愿意将自己的理解和建议与小组成员沟通和探讨	是□ 否□	
	是否愿意接受其他成员的建议	是□ 否□	
	是否通过学习该任务获得了经验	是□ 否□	
	是否希望继续和组内成员合作完成其他任务	是□ 否□	
	评价项目	评价等级	存在问题和解决方案
小组评价	参与度	☆☆☆☆☆	
	完成度	☆☆☆☆☆	
	贡献度	☆☆☆☆☆	
	发言量	☆☆☆☆☆	
	沟通交流	☆☆☆☆☆	
	优点	不足	存在问题和解决方案
教师评价			

八、任务评分

项目	评分标准	分值	得分
接受任务	明确工作任务，理解任务在企业工作中的重要程度	5	
收集信息	完整、准确地收集信息资料	5	
制订计划	按照工作规范及要求制订合适的行动计划	5	
	能协同小组人员安排任务分工	5	
	能在计划实施前准备好需要的工具和器材	5	

项目四　燃油供给系统的拆装与调试

(续)

项目	评分标准	分值	得分
计划实施	遵守安全操作规程，正确使用工具、量具，操作现场整洁	5	
	安全防护、劳动防护	5	
	A 型直列柱塞泵的拆装	15	
	A 型直列柱塞泵的调试	15	
	A 型直列柱塞泵的装配	15	
质量检查	操作过程规范，操作结束后能对现场进行整理	10	
评价反馈	能对自身表现情况进行客观评价	5	
	能在任务实施过程中发现自身存在的问题	5	
	合计	100	

【拓展课堂】"汽车神医"陶巍的汽车人生

谁可以因为修车而登上美国《时代周刊》？谁可以和外国政要面对面地"侃车"，并在海外有以自己名字命名的节日？

他就是陶巍。从事汽修 40 年，陶巍被誉为"汽车神医"。2007 年，陶巍为 SAE 认证汽车诊断工程领域研究员资深高级工程师。在他的名片上，可以找到上海汽车维修研发中心主任、上海幼狮汽车销售服务公司总经理、中国汽车维修行业协会副会长、国家质检总局（现国家市场监督管理总局）汽车缺陷调查与鉴定召回专家等头衔和身份。除此之外，他还致力于为驾车一族维护权益和为国家培养高级汽车维修人才。

陶巍有"汽车神医"的美誉源于他对汽车疑难杂症"手到病除"的能力。许多在 4S 店都修不好的名车，在他整修后都可以恢复如初。一次，陶巍曾修复了当时国内仅有的一辆因故障而沉睡车库多年的"劳斯莱斯"，美国《时代周刊》曾报道了此事。后来，他把解放初期陈毅担任上海市市长期间的专车——基本报废的凯迪拉克整修一新，因此有了名气，不少领事馆外交官员都慕名找上门来请陶巍修车。1998 年 6 月底，克林顿访问上海，所乘坐的高级防弹车突然无法起动，美国总领事馆找到陶巍，经过一系列检修后总统的座驾又可以安全上路了。从那时起，陶巍声名鹊起，他创办的"幼狮"高级轿车修理厂也成了在沪外国领事馆、外资公司、外商企业、外籍人士和各种从外国带来的高级轿车维护、维修的"定点单位"。

陶巍的"幼狮"已经为在沪的 46 个外国领事馆和 100 多个外国新闻机构提供了检修汽车的服务。在一些外交官员的举荐和穿针引线下，陶巍多次赴外学习、讲课和交流，先后成为美国麻省理工学院荣誉博士、底特律三角洲学员汽车维修高级教官等，获得了美国国会、加州政府颁发的"终身成就奖"等；陶巍访问俄罗斯期间，俄罗斯总领事特意安排了他与原苏联领导人戈尔巴乔夫会面，同聊汽车；在加拿大，陶巍和他的"幼狮"与加拿大北阿尔伯特理工大学共同就汽车维修技术培训等展开交流，埃德蒙顿市还正式宣布 2009 年 8 月 18 日为该市的"陶巍日"。

2014 年 5 月，国家级"陶巍技能大师工作室（汽车修理）"批准成立。陶巍还应邀担任了交通运输部机动车检测维修专业技术人员职业水平资格考试专家委员会副主任，全国机动车检测维修专业技术人员职业水平实际操作考官，全国交通运输行业机动车检测维修职业技能竞赛、全国职业院校技能大赛裁判长，上海交通大学、上海工程技术大学等5所高校的兼职教授。

陶巍认为，"工匠精神"的核心不是把工作当作赚钱的工具，而是对所从事的工作有精益求精、精雕细琢的精神。"其实，工作就是一种修行，在修炼的道路上，要耐得住寂寞，受得了冷嘲热讽，不断完善自己，把自己变得越来越强大。因为态度决定一切，细节决定成败。"

项目五

润滑系统与冷却系统的拆装

发动机工作时，很多传动零件都是在很小的间隙下做高速相对运动的，有了相对运动，零件表面必然要产生摩擦，加速磨损。为了减轻磨损、减小摩擦阻力和延长使用寿命，发动机上都必须有润滑系统。冷却系统的功能是保持发动机在最适宜的温度（80~90℃）范围内工作，既要防止发动机夏季过热，又要防止发动机冬季过冷。在冷起动时，冷却液要保证发动机迅速升温，尽快达到正常的工作温度，不正常的冷却会对发动机造成危害。

本项目主要介绍润滑系统与冷却系统的基本构造和拆装检测过程，通过学习可以了解润滑系统与冷却系统的相关知识，掌握润滑系统与冷却系统各部件的拆装、检测技能，帮助学生形成正确的汽车检测维修思路，培养规范意识、安全意识、团队合作意识，树立精益求精等职业精神，为将来能够胜任汽车售后服务职业岗位，解决较复杂的汽车检测维修等问题奠定良好的基础。

2. 拆装与调整冷却系统 —— 润滑系统与冷却系统的拆装 —— 1. 拆装与调整润滑系统

任务十五　拆装与调整润滑系统

一、任务描述

一辆轿车在行驶过程中，发动机运转正常，行驶加速时机油压力警告灯闪亮。为避免产生严重后果，客户将车辆送至维修企业检修。经检查试车，初步判定该车机油压力过低，需对发动机润滑系统进行检修。

二、任务目标

1. 知识目标

1）掌握典型发动机润滑系统的工作过程。
2）掌握润滑系统主要机件的结构及工作原理。

2. 技能目标

1）能正确进行发动机润滑系统的拆装。

2）能正确进行润滑系统主要机件的结构及装配关系叙述。

3. 素养目标

1）培养学生的团队协作意识，主动适应团队工作要求。
2）提升学生的标准、规范、安全意识和精益求精的职业素养。
3）增强学生文明操作意识，保持工作环境的整洁。

三、设备器材和技术要求

1. 设备器材

帕萨特 B5 发动机、相应资料及润滑系统主要部件（机油泵、机油滤清器、机油散热器、限压阀、旁通阀等）、常用工具、专用工具、塞尺。

2. 技术要求

序号	检查项目	技术要求
1	齿轮式机油泵的主动轮、从动轮的啮合间隙	标准 0.05mm；极限 0.15mm
2	泵盖与齿轮端面的间隙	标准 0.05mm；极限 0.20mm
3	主动齿轮、从动齿轮与泵腔内壁的间隙	≤0.30mm

四、相关知识

汽车发动机润滑系统的基本任务是将机油不断地供给各零件的摩擦表面，减少零件的摩擦和磨损。润滑系统虽然不参加发动机的功能转换，却能保证发动机正常工作，使其具有较长的使用寿命。

1. 润滑系统的作用

润滑系统的主要作用是对发动机主要摩擦零件进行润滑。

机油流经各零件表面时，会带走零件摩擦产生的热量，洗掉零件表面的金属磨屑、空气带入的尘土及燃烧产生的炭粒等杂质（这些作用对气缸壁来说尤为重要）；在零件表面形成的油膜，会保护零件免受水、空气和燃气的直接作用，防止零件受到化学及氧的腐蚀。机油有一定的黏性，可以填补缸壁与活塞环之间的微小间隙，减少气体的泄漏，起到密封作用。所以机油的作用除润滑外，还具有散热、清洗、保护和密封等作用。

2. 润滑方式

（1）压力润滑 利用机油泵将具有一定压力的机油送到摩擦面间，形成具有一定厚度并能承受一定机械负荷而不破裂的油膜，尽量将两摩擦零件完全隔开，实现可靠的润滑。

（2）飞溅润滑 利用发动机工作时某些运动零件（主要是曲轴与凸轮轴）飞溅起的油滴与油雾，对摩擦表面进行润滑的一种润滑方式。飞溅润滑适用于暴露的零件表面，如缸壁、凸轮等；相对运动速度较低的零件，如活塞销等；机械负荷较轻的零件，如挺柱等。气缸壁采用飞溅润滑，可防止机油由于压力过高、油量过大，进入燃烧室导致发动机工作条件恶化。

（3）定期润滑 对一些不太重要、分散的部位，采用定期加注润滑脂的方式进行润滑，如发动机水泵轴承、发电机、起动机及分电器等总成的润滑都可采用这种方式。

3. 润滑系统的组成

发动机的润滑系统组成大体相同，一般由下面这些装置组成。

（1）油底壳　用来储存机油。在大多数发动机上，油底壳还起到为机油散热的作用。

（2）机油泵　将一定量的机油从油底壳中抽出加压后，源源不断地送至各零件表面进行润滑，维持机油在润滑系统中的循环。机油泵大多装于曲轴箱内，也有些柴油机将机油泵装于曲轴箱外面。机油泵都采用齿轮驱动方式，通过凸轮轴、曲轴或正时齿轮来驱动。

（3）机油滤清器　用来过滤掉机油中的杂质、磨屑、油泥及水分等杂物，使送到各润滑部位的机油都是干净清洁的。由于过滤能力与流动阻力成正比，润滑系统的滤清器按过滤能力的不同分成粗滤器和细滤器两种，设于润滑系统不同部位。机油粗滤器用来滤掉机油中粒度较大的杂质，其流动阻力小，串联安装于机油泵出口与主油道之间。机油细滤器能滤掉机油中的细小杂质，但流动阻力较大，故多与主油道并联安装，只有少量的机油通过细滤器过滤。

（4）机油集滤器　多为滤网式，能滤掉机油中粒度大的杂质，其流动阻力小，串联安装于机油泵进油口之前。

（5）主油道　是润滑系统的重要组成部分，直接在缸体与缸盖上铸出，用来向各润滑部位输送机油。

（6）限压阀　用来限制机油泵输出的机油压力；用来限制进入细滤器的油量，防止因进入细滤器的油量过多，导致主油道压力降低而影响润滑。

（7）旁通阀　旁通阀与粗滤器并联，当粗滤器发生堵塞时，旁通阀打开，机油泵输出的机油直接进入主油道。

润滑系统还设有机油压力表、机油温度表等。某些热负荷较大的发动机，如越野汽车发动机和柴油发动机上，还设有机油散热器用以对机油进行散热冷却。

五、任务实施

下面以帕萨特 B5 发动机润滑系统的拆装为例进行介绍，其组成如图 15-1 所示。

1. 油底壳的拆卸和安装

（1）拆卸

1）断开蓄电池负极连接，拆下机油尺。
2）抬起车辆并确保支撑安全。
3）放出机油。
4）拆下发动机与变速驱动桥的联接螺栓。
5）拆下油底壳固定螺栓和油底壳。

（2）安装

1）彻底清洗和干燥所有密封面、螺栓和螺栓孔。
2）安装新油底壳垫片或用硅密封件密封，把油底壳安装到发动机上。
3）安装固定螺栓，以 15N·m 的力矩拧紧油底壳螺栓，以 45N·m 的力矩拧紧油底壳与变速器之间的螺栓，以 45N·m 的力矩拧紧油底壳与缸体之间的 M10 螺栓。
4）安装机油尺，把适量的机油注入发动机。

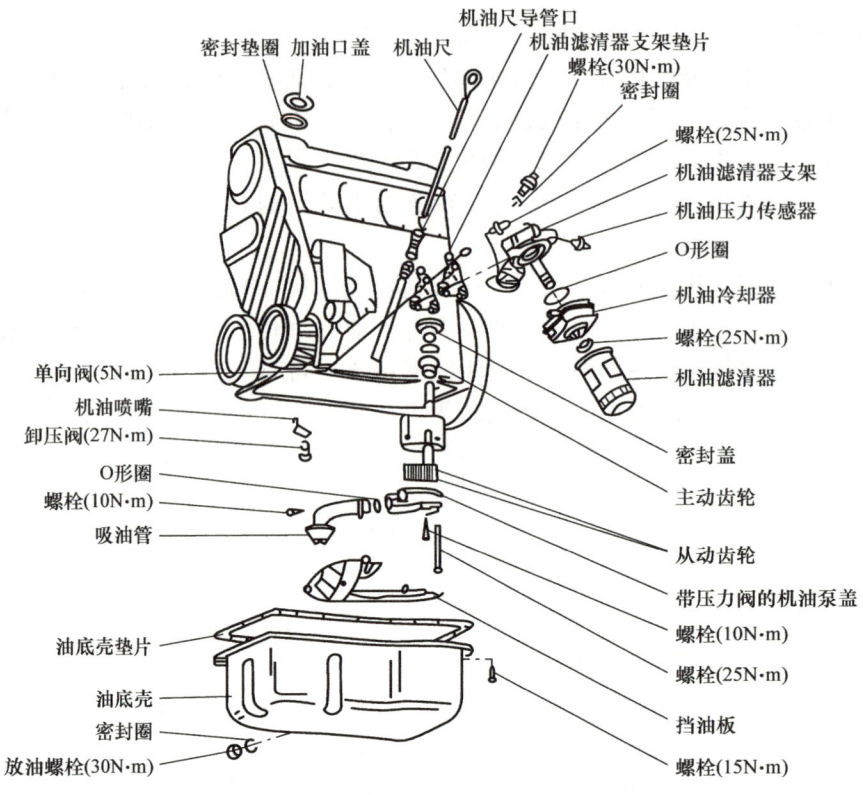

图 15-1 帕萨特 B5 发动机润滑系统的组成

5)连接蓄电池负极电缆,起动发动机,检查是否有渗漏。

2. 机油泵的拆装与调整

(1) 机油泵的拆卸

1)旋松限位压板的紧固螺栓,拆下压板。

2)旋松并拆卸紧固机油泵盖、机油泵体的紧固螺栓,将机油吸油部件一起拆下。

3)拧松并拆下吸油管紧固螺栓,拆下吸油管组件,检查并清洗滤网。

4)旋松并拆下机油泵盖紧固螺栓,取下机油泵组件,检查泵盖上的限压阀。

5)分解主动齿轮、从动齿轮,再分解齿轮和轴,垫片更换新件。

(2) 检验与装配

1)检查主动齿轮、从动齿轮的磨损程度、有无损伤,必要时更换(最好成对更换)。

2)检查机油泵盖与齿轮端面间隙,如图 15-2 所示。其标准为 0.05mm,使用极限为 0.15mm。检查时,将金属直尺直边紧靠在带齿轮的泵体端面上,将塞尺插入两者之间的缝隙进行测量。若间隙不符合标准,可以增减泵盖与泵体之间的垫片进行调整。

3)主动齿轮、从动齿轮与泵腔内壁间隙超过 0.30mm 时,应更换新件。测量的方法是用塞尺插入测量。

4)主动齿轮与从动齿轮啮合间隙的检查如图 15-3 所示,用塞尺插入啮合齿间,测量 120°三点齿侧,标准为 0.05mm,使用极限为 0.20mm。

5)将所有零件清洗干净,按与分解相反的顺序进行装配。

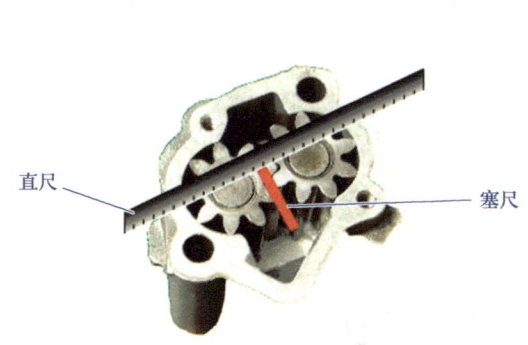

图 15-2　检查机油泵盖和齿轮端面间隙

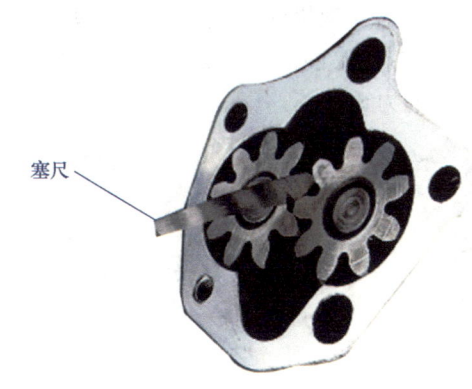

图 15-3　检查机油泵齿轮啮合间隙

3. 轿车润滑系统油路的分析

(1) 润滑系统的特点

1) 由于轿车发动机转速高、功率大,凸轮轴多为顶置,机油泵一般由中间轴驱动。

2) 配气机构多采用液压挺柱,有油道向液压挺柱供油。

3) 在主油道与机油泵之间多采用单级全流式滤清器,以简化滤清系统。

4) 集滤器为固定淹没式,可避免机油泵吸入表面泡沫,保证润滑系统工作可靠。

(2) 润滑油路　如图 15-4 所示,发动机工作时,机油经集滤器初步过滤后进入机油泵,机油泵输出的机油全部流

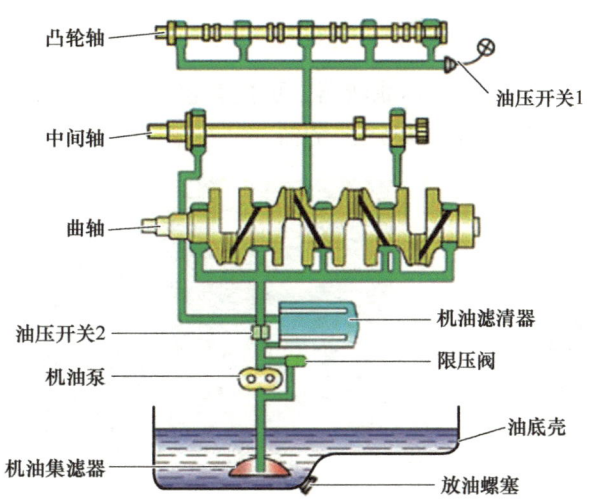

图 15-4　轿车汽油机润滑油路示意图

经机油滤清器,进入纵向主油道。主油道中的机油分别由各分油道进入曲轴主轴承和连杆轴承,再通过连杆杆身的油道润滑活塞销并对活塞进行喷油冷却。

中间轴的润滑由发动机前边第 1 条横向斜油道和从机油滤清器出来的油道供油。气缸盖上的纵向油道与主油道相通,并通过横向油道润滑凸轮轴轴颈、向液压挺柱供油。在缸盖和缸体的一侧布置了回油孔,使缸盖上的机油流回曲轴箱。

(3) 两个油压开关

1) 油压开关 1:为 30kPa,位于气缸盖后端。打开点火开关,仪表板中的机油压力警告灯即闪烁。起动发动机,当机油压力大于 30kPa 时,油压开关 1 触点开启,该警告灯自动熄灭。当发动机低速运转时,若机油压力低于 30kPa,则油压开关 1 触点闭合,机油压力警告灯闪烁。

2) 油压开关 2:为 180kPa,位于机油滤清器支架上。当发动机转速超过 2150r/min 时,如果机油压力达不到 180kPa,油压开关 2 触点断开,机油警告灯闪烁,且警报蜂鸣器同时报警。

4. 更换发动机机油、机滤

在发动机维护过程中,按照生产厂家的规定要求,需要对机油定期进行更换。在使用过

程中，如果发现机油质量变差，即使车辆没到规定的行驶里程也应及时更换机油。

1) 拧松放油螺塞，放掉机油，如图 15-5 所示。安装放油螺塞，注意要更换新的垫片，用规定的力矩拧紧。

发动机润滑油的加注方法

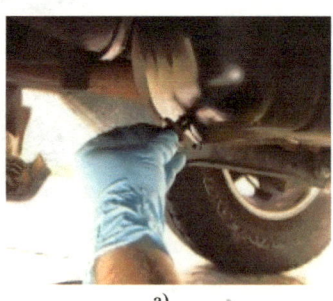
a)

b)

图 15-5 放掉机油

a) 拧松放油螺塞 b) 用接油器接废油

2) 换下机油滤清器，更换新机滤时要将密封圈蘸上少许机油，如图 15-6 所示，用扭力扳手按规定力矩紧固滤清器。

机油液位的检查

a)

b)

图 15-6 更换机油滤清器

a) 拆卸滤清器 b) 更换新滤清器

3) 加注新机油，如图 15-7 所示，可以使用漏斗，不要把机油洒在发动机上。

4) 起动发动机，检查是否有泄漏或滴油现象，避免正常运转时泄漏机油，如图 15-8 所示。

图 15-7 加注机油

图 15-8 起动发动机检查有无泄漏或滴油现象

5. 机油尺上的标记

如图 15-9 所示，a—高于阴影区直至最高限度标记的范围内不需要补注机油；b—机油液面在阴影区的范围内可以补注机油；c—最低限度标记直至阴影区的范围内需要补注机油，最多补注 0.5L。注意，机油液面不允许超过最高限度标记，否则会造成三元催化转化器的损坏。

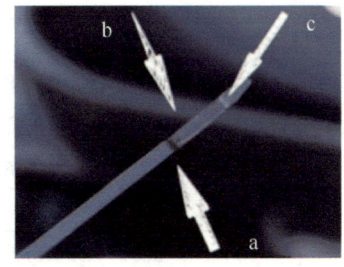

图 15-9 机油尺上的标记

六、注意事项

1）正确操作，注意人身及机件安全。
2）注意拆装顺序，保持场地整洁及零部件、工具、量具清洁。

七、学习评价

	自我反思	自我评价	存在问题及解决方案
自我反思与自我评价	是否掌握了机油泵的拆装步骤与检测方法	是□ 否□	
	是否会更换机油和机油滤清器	是□ 否□	
	是否能独自拆装润滑系统	是□ 否□	
	是否愿意将自己的理解和建议与小组成员沟通和探讨	是□ 否□	
	是否愿意接受其他成员的建议	是□ 否□	
	是否通过学习该任务获得了经验	是□ 否□	
	是否希望继续和组内成员合作完成其他任务	是□ 否□	
	评价项目	评价等级	存在问题和解决方案
小组评价	参与度	☆☆☆☆☆	
	完成度	☆☆☆☆☆	
	贡献度	☆☆☆☆☆	
	发言量	☆☆☆☆☆	
	沟通交流	☆☆☆☆☆	
	优点	不足	存在问题和解决方案
教师评价			

八、任务评分

项目	评分标准	分值	得分
接受任务	明确工作任务，理解任务在企业工作中的重要程度	5	
收集信息	完整、准确地收集信息资料	5	

（续）

项目	评分标准	分值	得分
制订计划	按照工作规范及要求制订合适的行动计划	5	
	能协同小组人员安排任务分工	5	
	能在计划实施前准备好需要的工具和器材	5	
计划实施	遵守安全操作规程，正确使用工具、量具，操作现场整洁	5	
	安全防护、劳动防护	5	
	机油泵的拆装与检测	10	
	更换机油	10	
	更换机油滤清器	10	
	检查机油液位	5	
	拆装润滑系统	10	
质量检查	操作过程规范，操作结束后能对现场进行整理	10	
评价反馈	能对自身表现情况进行客观评价	5	
	能在任务实施过程中发现自身存在的问题	5	
合计		100	

任务十六　拆装与调整冷却系统

一、任务描述

一辆轿车不能在道路上长时间行驶，最多跑 15min 左右，冷却液温度表就显示达到了 115℃ 左右，且冷却液温度警告灯报警。为避免严重后果，车主将车辆送至维修企业，请维修人员进行检测并进一步确认故障原因。

二、任务目标

1. 知识目标

1）掌握典型发动机冷却系统的工作过程。
2）掌握冷却系统主要机件的结构及工作原理。

2. 技能目标

能正确进行水泵的拆装。

3. 素养目标

1）培养高质量发展意识，树立工匠精神，注重科技创新。
2）培养学生独立思考、深入探究的工作习惯。

三、设备器材和技术要求

1. 设备器材

帕萨特 B5 型轿车发动机台架、水泵、节温器、顶拔器、冷却液温度计、加热装置、常用工具和量具、拆装专用工具、卡簧钳、一字槽螺钉旋具、常用拆装套筒等。

2. 技术要求

序号	检查项目	技术要求
1	水泵带轮拧紧力矩	25N·m
2	风扇离合器中风扇拧紧力矩	10N·m
3	硅油风扇离合器安装时拧紧力矩	45N·m

四、相关知识

冷却系统的功用是将受热零件吸收的部分热量及时散发出去，以保证发动机在最适宜的温度状态下工作。

发动机的冷却系统有风冷和水冷之分（图 16-1）。以空气为冷却介质的冷却系统称为风冷系统；以冷却液为冷却介质的冷却系统称为水冷系统。

1. 冷却系统的循环

汽车发动机的冷却系统为强制循环水冷系统，即利用水泵提高冷却液的压力，强制冷却液在发动机中循环流动。

强制循环水冷系统中包括了两种工作循环，即大循环和小循环（图 16-2）。冷车起动后，发动机在渐渐升温，冷却液的温度还无法打开系统中的节温器，此时的冷却液只是经过水泵在发动机内进行小循环，其目的是使发动机尽快地达到正常的工作温度。随着发动机温度的升高，冷却液温度升到了节温器的开启温度（通常为80℃）后，冷却循环开始了大循环。这时候的冷却液从发动机出来，经过车前端的散热器散热后，再经水泵进入发动机。

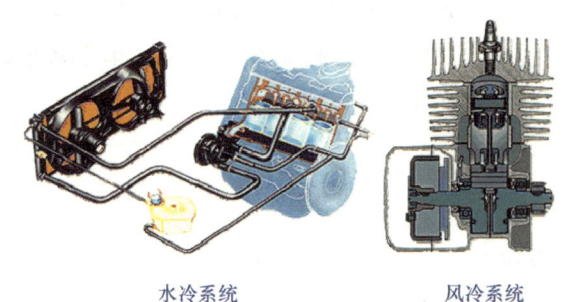

水冷系统　　　　　　　风冷系统

图 16-1　冷却系统的分类

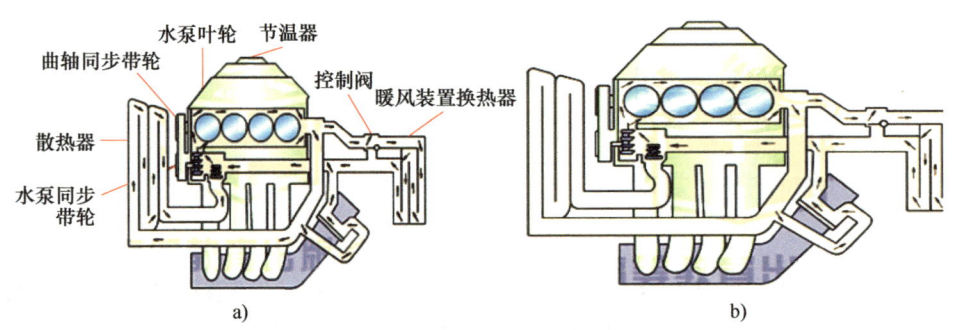

图 16-2　冷却系统的大小循环

a）冷却系统大循环示意图　b）冷却系统小循环示意图

2. 冷却系统部件分析

冷却系统主要零部件有节温器、水泵、水泵传动带、散热器、风扇、冷却液温度感应器和蓄液罐。

（1）冷却液　冷却液是由防冻添加剂、防止金属产生锈蚀的添加剂和水组成的液体。它需要具有防冻性、防蚀性、热传导性和不变质的性能。

（2）节温器　节温器是决定小循环还是大循环的主要部件。节温器在80℃后开启，95℃时开度最大。若节温器不能关闭，会使循环从开始就进入大循环，这样就造成发动机不能尽快达到或无法达到正常温度。

（3）水泵　水泵的作用是对冷却液加压，保证其在冷却系统中循环流动。

（4）散热器　发动机工作时，冷却液在散热器芯内流动，空气在散热器芯外通过，热的冷却液由于向空气散热而变冷。随着温度的变化，冷却液会"热胀冷缩"，散热器会因冷却液的膨胀而内压增大，当内压达到一定值时，散热器盖开启，冷却液流到蓄液罐；当温度降低时，冷却液回流入散热器。

（5）风扇　正常行驶中，高速气流已足以散热，风扇一般不会在这时候工作；但在慢速和原地运行时，风扇就会转动来帮助散热器散热。风扇的起动由冷却液温度感应器控制。

（6）冷却液温度感应器 冷却液温度感应器其实是一个温度开关，当发动机冷却液温度超过90℃时，冷却液温度感应器将接通风扇电路。如果循环正常，当温度升高时，风扇不转，则冷却液温度感应器和风扇需要检查。

（7）蓄液罐 蓄液罐的作用是补充冷却液和缓冲"热胀冷缩"的变化，所以不要加液过满。如果蓄液罐完全用空，不能仅仅在罐中加液，还需要开启散热器盖检查液面并添加冷却液，否则蓄液罐就失去功用。

3. 冷却系统的设计

冷却系统的作用是在所有工况下保证发动机在最适宜的温度下工作，冷却系统匹配得是否合适将直接影响发动机的使用寿命和燃油经济性，所以在冷却系统的设计及计算中，散热器的选型和风扇的匹配对冷却系统起着至关重要的作用。

为便于组织气流，散热器布置在整车的前面，但由于受到整车布置空间的限制，在其前面还布置了空调冷凝器，这会增加风阻，影响散热器的进风量，从而影响冷却系统的冷却能力。风扇布置在散热器后面，靠风扇电动机带动。

五、任务实施

当发动机温度高的时候冷却系统是有压力的，要先卸掉压力。软管接头用弹簧卡箍，在进行紧固修理时也只能用弹簧卡箍。在安装时，要保证冷却软管的松弛，不要让它与其他结构部件相接触（注意冷却液和软管连接的标记）。

下面以帕萨特B5型轿车发动机冷却系统为例进行介绍。冷却系统拆装时所需拆装的零部件如图16-3、图16-4所示。

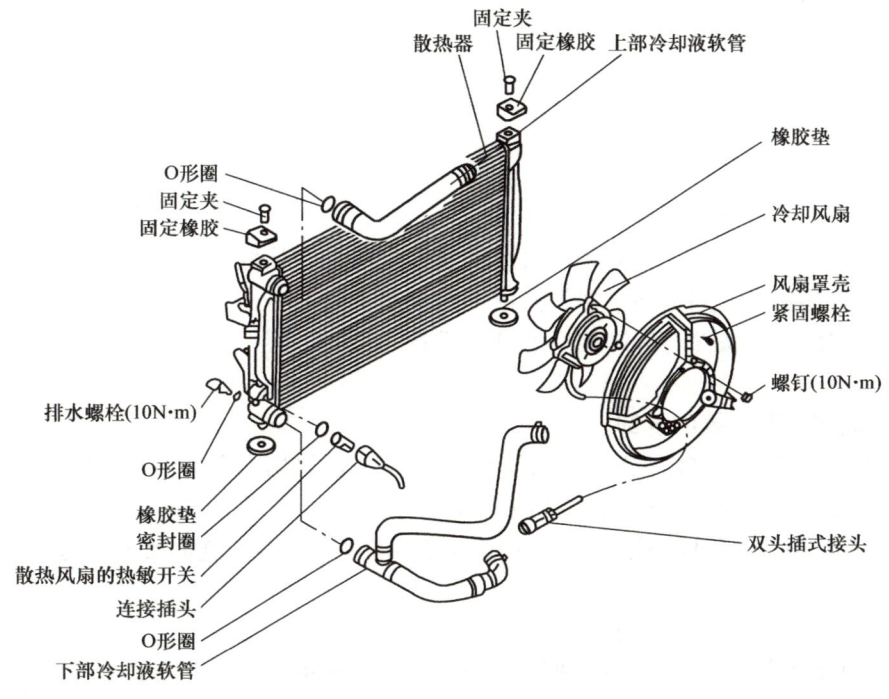

图16-3 帕萨特B5型轿车发动机冷却系统部件组成

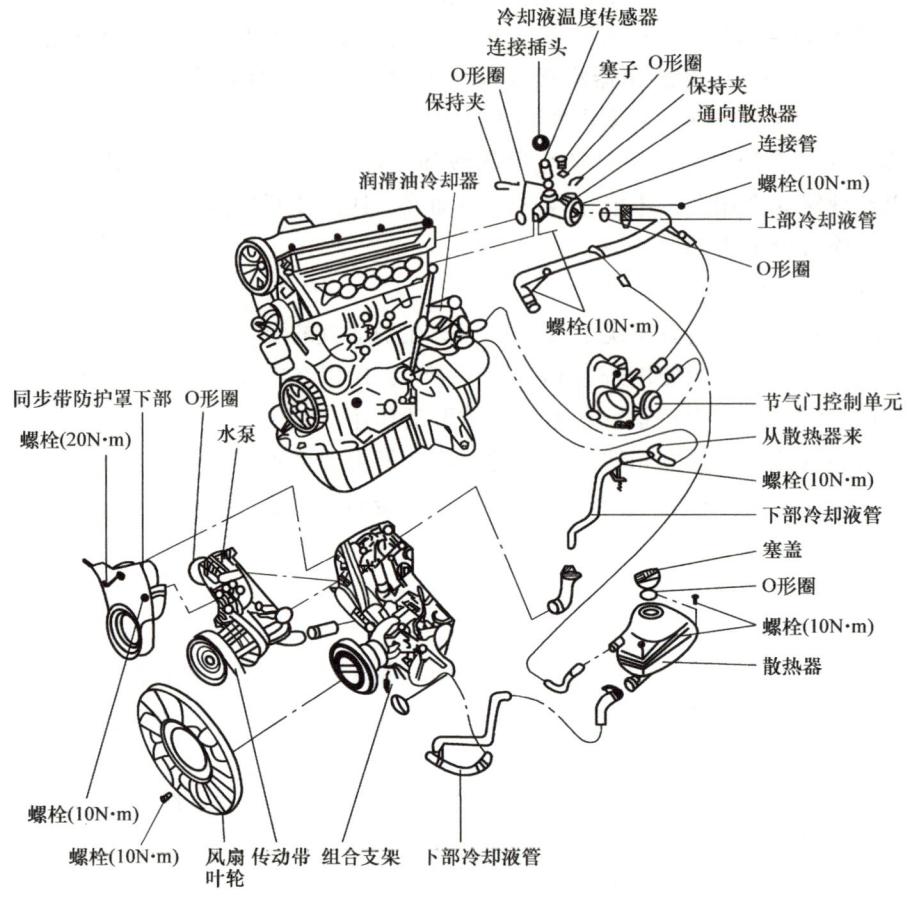

图 16-4　帕萨特 B5 型轿车发动机部分的冷却系统零部件组成

1. 散热器的拆卸和安装

1）排空冷却液。

2）从散热器上拔下冷却液软管。

3）拔下热敏开关的插头。对于带自动变速器的汽车，从散热器上拆下 ATF 管。

4）拆下散热器上部固定夹子并朝前取下散热器。

5）散热器的安装按照与拆卸相反的顺序进行。

2. 硅油风扇离合器的拆卸和安装

（1）硅油风扇离合器的拆卸

1）将固定支架移到维修位置，拆下传动带，从硅油风扇离合器上拆下风扇叶轮。

2）用心轴（φ5mm）固定住硅油风扇离合器的带轮，如图 16-5 所示。

3）用 8mm 的内六角扳手拧下硅油风扇离合器的固定螺栓，连同带轮一起拆下硅油风扇离合器。

4）从硅油风扇离合器上拆下带轮。

（2）硅油风扇离合器的安装　按照与拆卸相反的顺序进行，注意以 10N·m 的力矩把风扇拧紧固定到硅油风扇离合器上，以 45N·m 的力矩把硅油风扇装到组合支架上，安装传动带。

3. 水泵传动带的拆卸和安装

拆卸前，应先检查前轴承的松旷量、泄水孔有无漏水现象。拆卸要点：拆卸水泵轴有从上部和下部取出两种，要注意方向，避免损坏。尽量使用专用工具，不能硬敲、硬撬。检修时，重点检查水封及座口、轴、轴承、承孔之间的配合，前（上）轴承松旷量。装配时，要重点注意和检查卡簧与轴承、凸缘与轴端、叶轮与下底座平面的端隙。装合后，将水泵倒置，封闭进、出水口，将水室注满温水，检查水泵的密封性；检查节温器的开启温度。

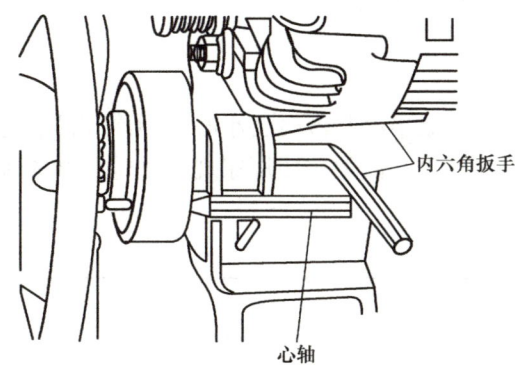

图 16-5　硅油风扇离合器的拆卸

(1) 水泵传动带的拆卸

1）拆下硅油风扇离合器（连同带轮）。
2）标记水泵的带轮前、后两片的安装位置。
3）用心轴固定动力转向泵的带轮。
4）拧下水泵带轮前、后两片，如图 16-6 所示，拆下传动带。

(2) 水泵传动带的安装

1）将带轮前、后两片装到水泵上，安装传动带。
2）均匀拉紧带轮，直到传动带张紧。紧固时，可缓慢转动叶片泵带轮。
3）用心轴固定叶片泵的带轮。水泵带轮拧紧力矩为 25N·m。

4. 冷却液的加注

1）安装并紧固下部冷却液软管。
2）更换 O 形圈，在水泵上安装放气螺钉，拧紧力矩为 30N·m。将转接器 V.A.G1274/9 拧到散热器上，如图 16-7 所示。

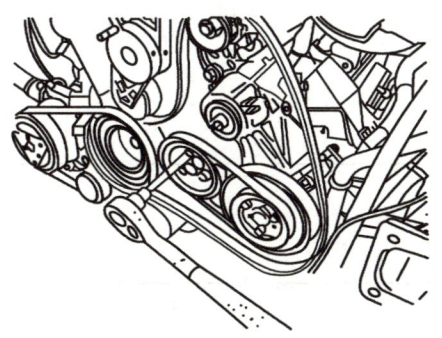

图 16-6　水泵传动带的拆卸

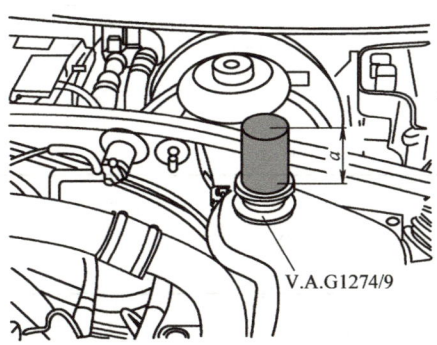

图 16-7　转接器的安装

3）松开散热器上的冷却液软管，将它拉回到冷却液软管的透气口处，不要被连接套筒遮盖。
4）加注冷却液，直至到达冷却液软管的透气口。
5）接上冷却液软管，夹紧卡箍。拧上散热器盖。
6）将暖风控制打开到最大位置。起动发动机并保持发动机转速 2000r/min 约 3min，降低发动机转速到急速状态，直至散热器的下部冷却液软管发热为止。

5. 检查冷却液液面位置

在发动机暖机状态下，冷却液液面必须到达最大标记处；在冷机时，冷却液液面应位于最大和最小标记之间。

六、注意事项

1）放出冷却液时要小心，因冷却液有毒。
2）冷却液要按照厂家规定来选择和添加。

七、学习评价

	自我反思	自我评价	存在问题及解决方案
自我反思与自我评价	是否掌握了散热器的拆装步骤	是□ 否□	
	是否掌握了硅油风扇离合器的拆装步骤	是□ 否□	
	是否掌握了水泵的拆装步骤	是□ 否□	
	是否掌握了冷却液的加注步骤	是□ 否□	
	是否愿意将自己的理解和建议与小组成员沟通和探讨	是□ 否□	
	是否愿意接受其他成员的建议	是□ 否□	
	是否通过学习该任务获得了经验	是□ 否□	
	是否希望继续和组内成员合作完成其他任务	是□ 否□	
	评价项目	评价等级	存在问题和解决方案
小组评价	参与度	☆☆☆☆☆	
	完成度	☆☆☆☆☆	
	贡献度	☆☆☆☆☆	
	发言量	☆☆☆☆☆	
	沟通交流	☆☆☆☆☆	
	优点	不足	存在问题和解决方案
教师评价			

八、任务评分

项目	评分标准	分值	得分
接受任务	明确工作任务，理解任务在企业工作中的重要程度	5	
收集信息	完整、准确地收集信息资料	5	
制订计划	按照工作规范及要求制订合适的行动计划	5	
	能协同小组人员安排任务分工	5	
	能在计划实施前准备好需要的工具和器材	5	

(续)

项目	评分标准	分值	得分
计划实施	遵守安全操作规程，正确使用工具、量具，操作现场整洁	5	
	安全防护、劳动防护	5	
	拆装散热器	10	
	拆装硅油风扇离合器	10	
	拆装水泵	10	
	加注冷却液	10	
	检查冷却液液面位置	5	
质量检查	操作过程规范，操作结束后能对现场进行整理	10	
评价反馈	能对自身表现情况进行客观评价	5	
	能在任务实施过程中发现自身存在的问题	5	
	合计	100	

【拓展课堂】2021年"全国五一劳动奖章"获得者——万爱军

戴着高度近视的眼镜，瘦弱的身材，笑起来带着几分腼腆，走起路来慢慢悠悠，这是万爱军给人的第一印象。如果不是一身的工装，很难将文质彬彬、瘦弱书生形象的他与汽修联系在一起。万爱军在2012年进入广汽三菱从事整车品质技术工作。2016年，他在长沙市汽车维修工职业技能竞赛中获得第1名；获得湖南省"十行状元、百优工匠"汽车修理工竞赛第2名；获得湖南省"五一劳动奖章"，被评为"2016年度中国汽车业十大工匠"。2021年，他获得2021年"全国五一劳动奖章"。

作为一名品质工作者，万爱军不仅有非常扎实的专业背景和丰富的现场工作经验，而且还培养了数十名年轻的接班人。

"授人以鱼不如授人以渔。"万爱军培养徒弟也有一套自己独有的经验。新员工入职第一天，他就制订了严格的培训计划，在专业技能知识上倾囊相授，更重要的是教会他们如何去观察，找准问题的症结。除了教徒弟们"用心观察"，万爱军还会定期给徒弟们进行案例经验分享，共享此前遇到的问题、解决过程与最终方案，让他们学习查找问题的方法。

2018年，在长沙市"十行状元、百优工匠"汽车维修比赛中，万爱军所执教的团队有3人获得"百优工匠"荣誉称号；2020年，在长沙市"十行状元、百优工匠"发动机竞赛中，万爱军为团队研制了可以模拟发动机运转和排故的发动机台架，其执教的团队有5人进入前10，1人获得市"十行状元"，4人获得市"百优工匠"荣誉称号，他研制的发动机培训台架也已申请实用新型专利。

项目六

点火系统与起动机的拆装与调整

点火系统是汽油发动机非常重要的一个系统，其作用是在压缩行程终了时，向火花塞提供点火高压，点燃气缸内的可燃混合气。点火高压必须准时、可靠，具有足够的能力以适应发动机的不同工况。发动机起动系统的作用是在接通起动电源时，起动机带动飞轮以保证发动机顺利起动所需的转速运转，完成发动机的起动。

本项目主要介绍点火系统与起动机的基本构造和拆装检测过程，通过学习可以了解点火系统与起动机的相关知识，掌握点火系统与起动机各部件的拆装、检测技能，帮助学生形成正确的汽车检测维修思路，培养安全意识、集体责任感，树立精益求精的工匠精神，为将来能够胜任汽车售后服务职业岗位，解决较复杂的汽车检测维修等问题奠定良好的基础。

知识导图

```
3. 拆装与检修起动机
                          点火系统与起动机的拆装与调整      1. 拆装与调整电子点火系统
2. 拆装及检测微机控制点火系统
```

任务十七　拆装与调整电子点火系统

一、任务描述

一辆环卫处的洒水车（车型较早），发生如下故障：

发动机加速时排气管偶尔有"放炮"情况，动力下降。经检查，其他系统均良好，最终确认由于车型较早，车辆配置的是电子点火系统，分电器的点火正时装置需进行检查调整。

二、任务目标

1. 知识目标

1）掌握电子点火系统的组成及工作原理。
2）掌握分电器的结构特点。
3）掌握分电器的拆装工艺及要点。

2. 技能目标

1）能正确叙述分电器的结构、拆卸工艺及要点。

2）能正确叙述分电器的装配工艺及调整方法。

3）能正确叙述点火系统的拆装方法、步骤和技术要求。

3. 素养目标

1）通过学习劳模的事迹，认识到岗位上要勇于探索、大胆创新，提升敢想敢做、吃苦耐劳的职业精神。

2）深入理解中国式现代化，密切关注汽车行业发展，积极投身新时代伟大征程。

三、设备器材和技术要求

1. 设备器材

典型车型的点火系统、螺钉旋具、尖嘴钳、冲子、台虎钳、锉刀、锤子、塞尺和万用表。

2. 技术要求

序号	检查项目	技术要求
1	中心电极长度	≥2mm
2	信号发生器转子轴和分电器轴径向间隙	≤0.05mm
3	分电器轴的弯曲度	≤0.05mm
4	分电器轴在外壳上的轴向间隙	0.08~0.25mm
5	分电器齿轮侧隙	≤0.015mm

四、相关知识

1. 电子点火系统的种类

1）无触点电子点火系统。

2）磁感应式电子点火系统。

3）霍尔式电子点火系统。

4）有分电器的计算机电子点火系统。

5）无分电器电子点火系统。

2. 无触点电子点火系统

(1) 无触点电子点火系统的组成

1）分电器：内有配电器、信号发生器、机械式点火提前装置（离心式和真空式）。

2）点火器：接收信号发生器的控制信号，控制点火线圈一次绕组电流的通、断。比较完善的点火器内有闭合角控制电路和恒流控制等多项功能。

3）点火线圈。

4）火花塞。

(2) 无触点电子点火系统与传统点火系统的比较

1）结构上，取消了断电器。用信号发生器代替凸轮，用点火器取代了白金触点。

2）原理上，一次电流的通、断由信号发生器和点火器配合完成，其他工作过程变化不大。

3）点火器除了控制一次电流的通、断外，内有控制电路（闭合角控制和恒流控制），可改善点火性能。

3. 无触点电子点火系统的优、缺点

优点：

1）由于采用了信号发生器，从根本上消除了由触点引起的一系列问题。

2）在所有转速范围内都能可靠地点火（闭合角控制和恒流控制），在提高点火电压和点火能量方面很有成效。

缺点：对点火时刻的控制依然依靠离心式和真空式两套机械式点火提前装置来完成，不能保证发动机点火时刻始终处于最佳状况（因为最佳点火提前角除了与转速和负荷有关外，还和其他因素有关）。

五、任务实施

1. 分电器总成的拆卸

1）关闭点火开关，断开蓄电池负极连接。

2）拔下各缸分缸线和中央高压线。

3）拔下霍尔传感器的信号线。

4）从分电器上拔下真空管。

5）拆下分电器压板固定螺栓，取下分电器总成。

2. 电子点火装置的构造及线路连接方法

上海桑塔纳无触点电子点火系统的组成如图 17-1 所示。

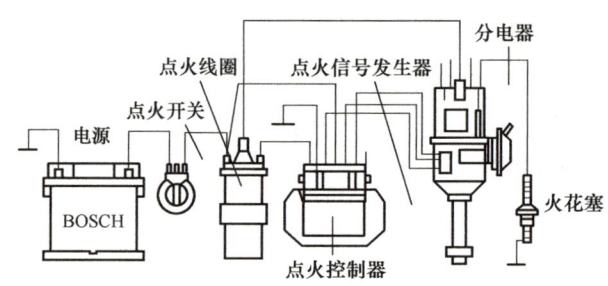

图 17-1　上海桑塔纳无触点电子点火系统的组成

图 17-2 所示为点火装置实际接线图。

3. 分电器的解体

图 17-3 所示为上海桑塔纳用无触点电子点火装置中分电器的分解图。

1）按顺序拆下分电器盖，再拆下分火头、防尘罩（图 17-4）。

2）拆下触发器转子：用专用工具取下弹簧挡圈（图 17-5），然后用两把一字槽螺钉旋具插入转子相对的两个槽内，以分电器壳为支点，小心地撬下触发器转子。

3）拆下底板总成（带霍尔传感器）：用专用工具取下图 17-6 所示的卡簧，再将①处的分电器盖卡簧及②、③两处的固定螺钉拆下，即可取下底板总成及霍尔传感器。

4）拆下真空提前机构：拆下图 17-7 所示的螺钉，即可取下真空提前机构组件。

项目六 点火系统与起动机的拆装与调整

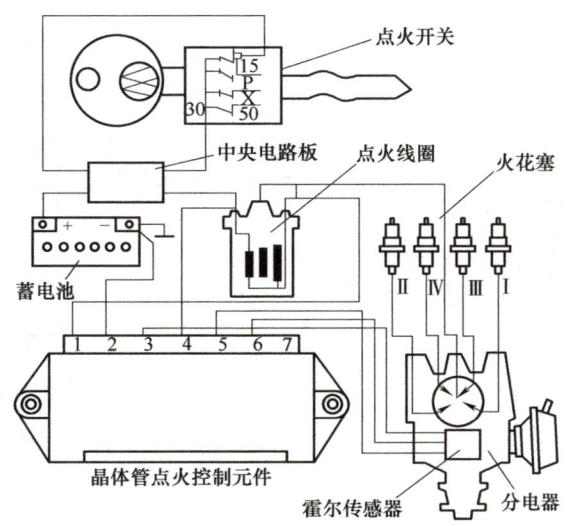

图 17-2 点火装置实际接线图

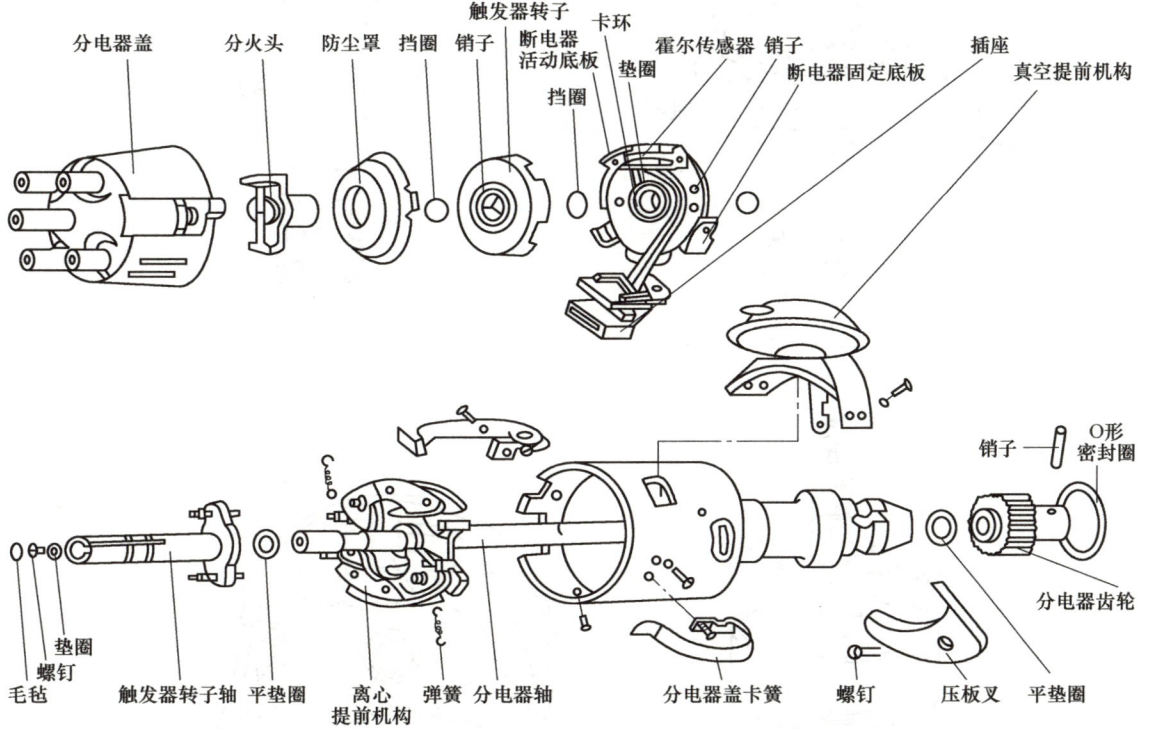

图 17-3 上海桑塔纳用无触点电子点火装置中分电器的分解图

5）拆下信号发生器转子轴：如图 17-8 所示，将转子轴上部的毛毡取出，拆下固定螺钉，取下与其相连的两个弹簧，即可取下该轴。

6）拆下离心提前机构重块（图 17-9）。

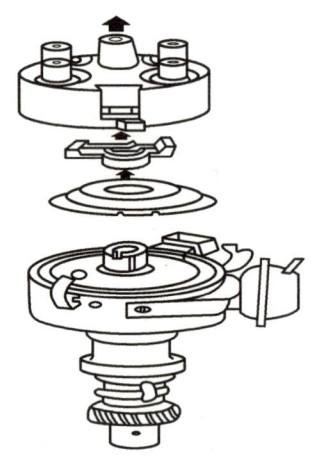

图 17-4 分火头、防尘罩的拆卸

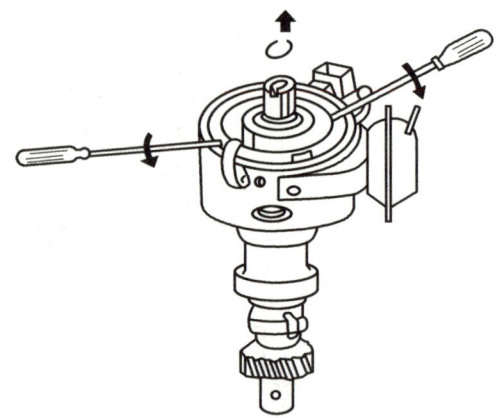

图 17-5 弹簧挡圈的拆卸

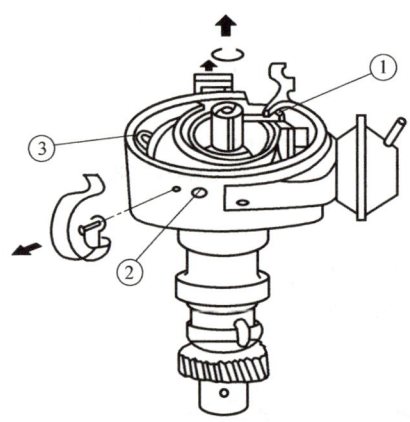

图 17-6 底板总成的拆卸

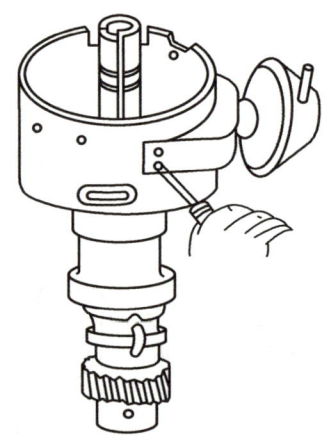

图 17-7 真空提前机构的拆卸

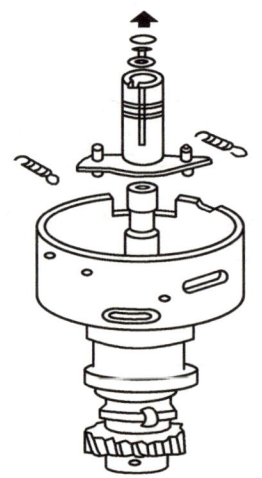

图 17-8 信号发生器转子轴的拆卸

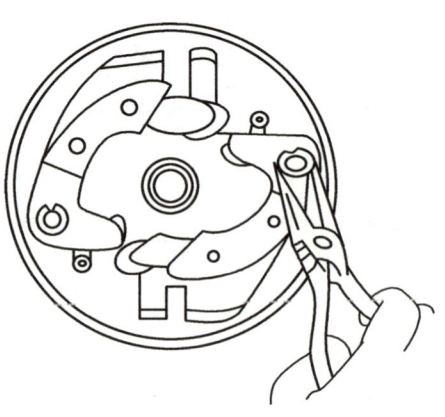

图 17-9 离心提前机构重块的拆卸

4. 分电器零部件的检修

1）检查分电器盖有无裂纹、污物，各插座电极是否有烧损或腐蚀，中心电极的长度应不小于2mm，否则应更换。

2）分电器盖及分火头的漏电检查。

3）检查触发器叶片（转子）是否弯曲变形，与霍尔传感器是否有碰刮现象。

4）信号发生器转子轴和分电器轴径向间隙应不大于0.05mm，如图17-10所示。若轴向磨出台阶，应在车床上车削后抛光，并在信号发生器转子轴轴向重新下套修复。

5）分电器轴的弯曲度应不大于0.05mm，检查方法如图17-11所示，若超过范围应校正。

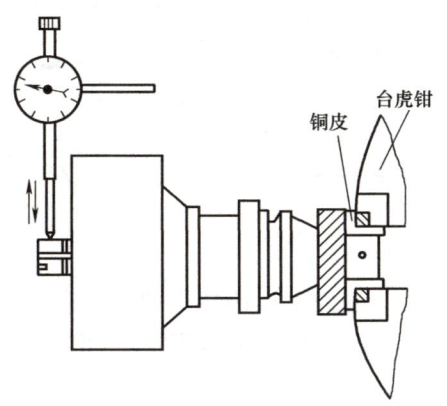
图17-10　转子轴和分电器轴径向间隙测量

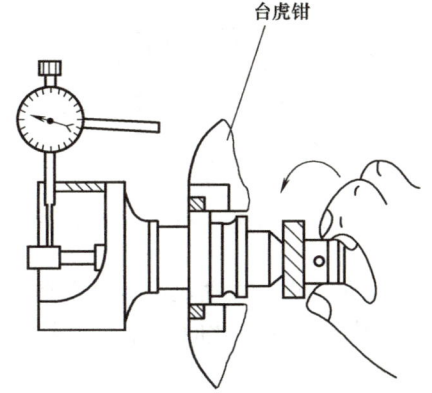
图17-11　分电器轴的弯曲度检查

6）检查分电器轴与衬套的配合间隙，应不大于0.05mm，检查方法如图17-12所示。

7）分电器底板与霍尔传感器活动盘在转动时应只有轻微阻力。如果用手转动时感觉阻力过大或明显阻滞，可先滴润滑油润滑。若仍不符合要求，应将其拆开，用细砂纸打磨，直至转动灵活（图17-13）。

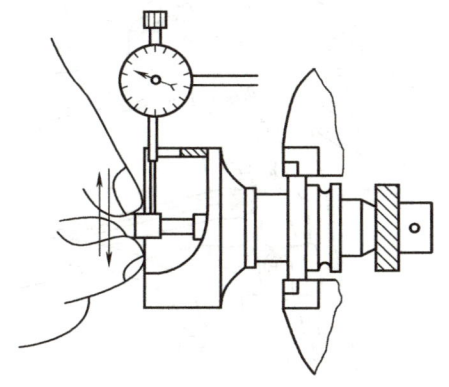
图17-12　分电器轴与衬套的
配合间隙检查

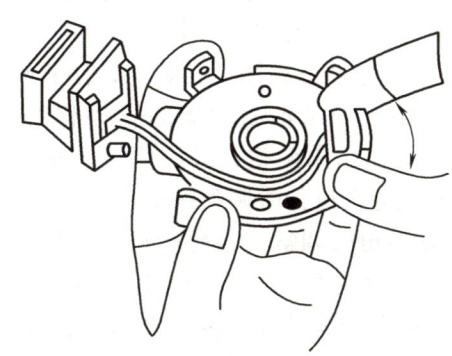
图17-13　分电器底板与霍尔传感器
活动盘的转动调整

8）分电器轴在外壳上的轴向间隙应在0.08~0.25mm范围内，其检查方法如图17-14所示，如果间隙过大，可通过加垫片来调整。

9）分电器齿轮磨损后的侧隙应不大于 0.015mm，否则应修理或更换。

5. 点火正时检查、调整

（1）点火正时的检查

1) 利用正时灯检查：让发动机运转至正常工作温度。在急速运转时，正时灯亮时恰好能照到飞轮上的正时记号与变速器壳上的刻线对齐，如图 17-15 所示。

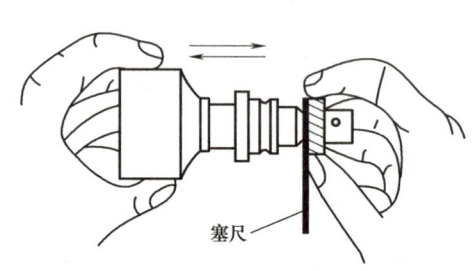

图 17-14　分电器轴在外壳上的轴向间隙检查

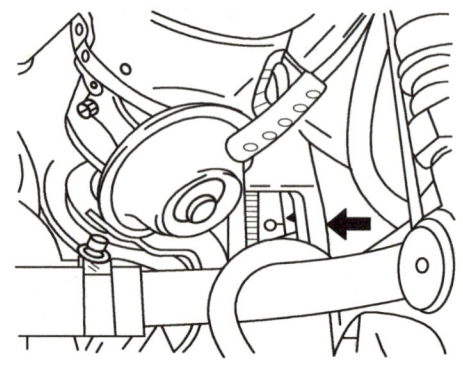

图 17-15　点火正时的检查

2) 道路检查：发动机运转至正常工作温度，在平直道路上以四档行驶至车速为 50km/h，急踩加速踏板，如果此时产生轻微爆燃声（"嗒嗒"声），而车速达 70km/h 时消失，说明点火正时恰当。

（2）点火正时的设定

1) 将飞轮上的标记○与变速器壳观察孔上的标记对齐。

2) 拆开凸轮轴齿带轮护罩，转动发动机，使齿带轮上的标记与气缸盖上平面对齐，如图 17-16 所示。

3) 使机油泵轴驱动端端部的扁势矩形块长边方向与曲轴方向一致，如图 17-17 所示。

4) 令分电器上的分火头指向分电器壳体上的 1 缸标记，如图 17-18 所示。

5) 将分电器总成插入安装孔，使其轴端端部凹槽与机油泵轴驱动端部扁势相匹配，并进行点火初始角调整，最后用压紧板固定好，将车辆起动进行微调和路试。

① 初始角的调整：若初始角为曲轴转角 6°（指点火提前角），在分电器压板未固定前，将分电器壳体逆时针转动 30°，然后固定分电器。

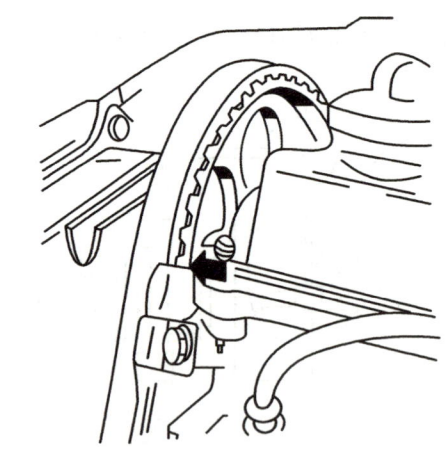

图 17-16　齿带轮上的标记与气缸盖上平面对齐

② 点火正时微调：若经上述正时调整后仍不恰当，可将分电器压板松开，顺时针转动分电器外壳，点火时间将滞后，逆时针转动则点火时间提前。这种微调也适用于分电器未从发动机上拔出来或虽然分电器拔出但未转动发动机曲轴情况下的点火时间调整。

项目六　点火系统与起动机的拆装与调整

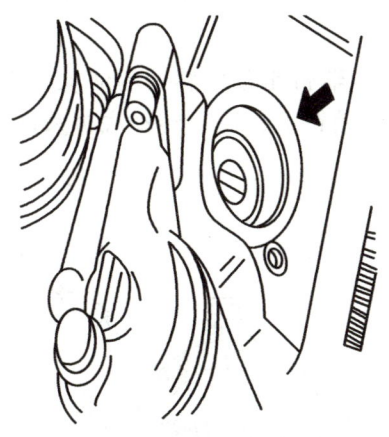

图 17-17　扁势矩形块长边方向与曲轴方向一致

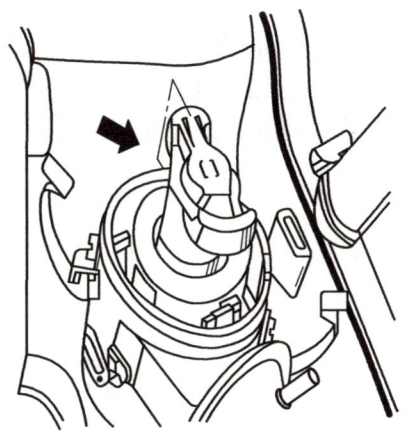

图 17-18　分火头指向分电器壳体

6. 分电器的装配

1）将所有零部件擦拭干净，在分电器轴与壳体、信号发生器转子、离心提前重块等有相对转动的部位涂上清洁的润滑油。

2）将离心重块装到分电器轴的托架上，将两重块轴上的卡环装回（图 17-19）。

3）将调整垫、信号发生器转子轴装到分电器轴上，如图 17-20 所示，用平垫、固定螺钉将转子固定好。检查转子在分电器轴上是否有轴向间隙，若有明显间隙，应进行调整。然后放入油毡并滴入润滑油，挂好两个弹簧后，按顺时针方向转动转子时应转动灵活，并能自动回位。

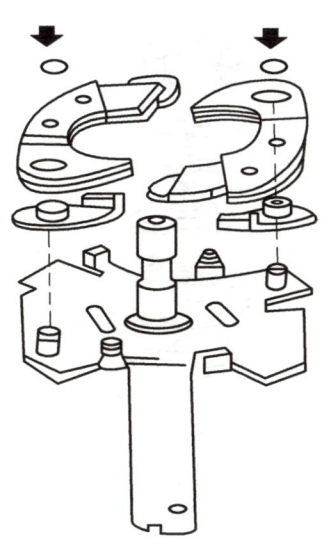

图 17-19　离心重块的装配

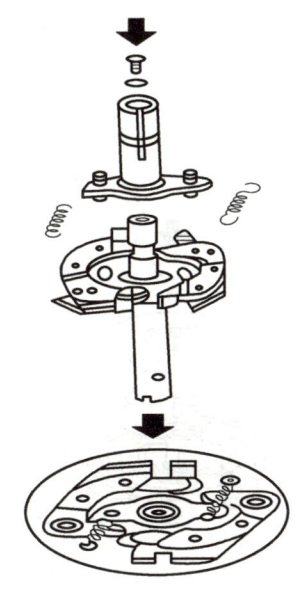

图 17-20　将调整垫、信号发生器转子轴装到分电器轴上

4）装上分电器底板总成及低压线束插座，如图 17-21 所示。由于真空提前机构及分电器盖卡簧共用一个螺钉固定，因此应暂不装回固定螺钉。

5）安装真空提前机构，如图 17-22 所示。先将分电器带霍尔传感器的活动底板逆时针转至极限位置，将膜片拉杆连接销孔套在活动底板上的销钉上，通过转动底板来回试一下，有一定阻力即可。

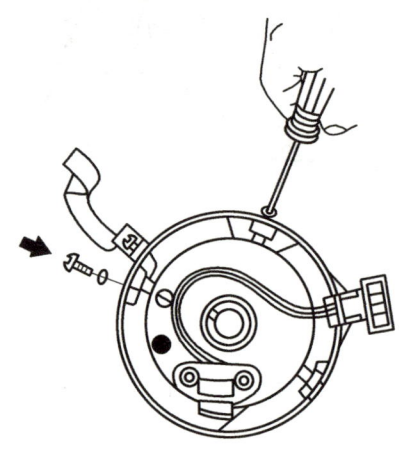

图 17-21 分电器底板总成及低压线束连接

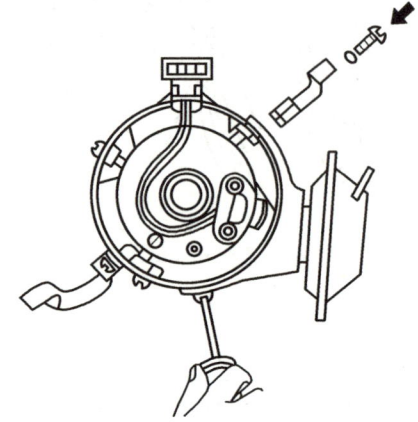

图 17-22 安装真空提前机构

6）装上转子、销子及转子挡圈。注意加装调整垫片，使信号发生器转子在轴上无明显轴向间隙（图 17-23）。

7）依次装回防尘罩、分火头、分电器盖，如图 17-24 所示。

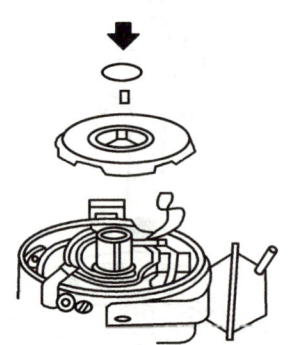

图 17-23 信号发生器转子轴的轴向间隙调整

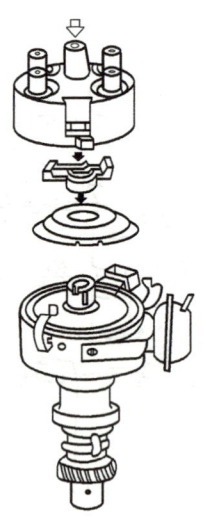

图 17-24 防尘罩、分火头、分电器盖的装配

六、注意事项

1）在拆卸蓄电池时，先拆负极后拆正极；安装时，先装正极后装负极。严格按照规定顺序进行操作。

2）拆卸分电器总成后，不得随意转动凸轮轴。

3）注意观察分电器盖安装方向，装配时防止错位。

4）所有螺栓和螺母的紧固力矩应符合规定，所有自锁螺母必须更换新件。

七、学习评价

	自我反思	自我评价	存在问题及解决方案
自我反思与自我评价	是否掌握了点火正时的检测方法及步骤	是□ 否□	
	是否掌握了分电器总成就车拆装的方法及步骤	是□ 否□	
	是否能对分电器总成进行解体检测及装复	是□ 否□	
	是否愿意将自己的理解和建议与小组成员沟通和探讨	是□ 否□	
	是否愿意接受其他成员的建议	是□ 否□	
	是否通过学习该任务获得了经验	是□ 否□	
	是否希望继续和组内成员合作完成其他任务	是□ 否□	
	评价项目	评价等级	存在问题和解决方案
小组评价	参与度	☆☆☆☆☆	
	完成度	☆☆☆☆☆	
	贡献度	☆☆☆☆☆	
	发言量	☆☆☆☆☆	
	沟通交流	☆☆☆☆☆	
	优点	不足	存在问题和解决方案
教师评价			

八、任务评分

项目	评分标准	分值	得分
接受任务	明确工作任务，理解任务在企业工作中的重要程度	5	
收集信息	完整、准确地收集信息资料	5	
制订计划	按照工作规范及要求制订合适的行动计划	5	
	能协同小组人员安排任务分工	5	
	能在计划实施前准备好需要的工具和器材	5	

（续）

项目	评分标准	分值	得分
计划实施	遵守安全操作规程，正确使用工具、量具，操作现场整洁	5	
	安全防护、劳动防护	5	
	从发动机上拆下分电器总成	10	
	解体分电器	5	
	检测分电器各部分	10	
	将分电器正确组装并装复到车上	10	
	点火正时的调整（微调）	10	
质量检查	操作过程规范，操作结束后能对现场进行整理	10	
评价反馈	能对自身表现情况进行客观评价	5	
	能在任务实施过程中发现自身存在的问题	5	
合计		100	

任务十八 拆装及检测微机控制点火系统

一、任务描述

一辆丰田汽车,发生如下故障:能够起动,但是怠速不稳,发动机在怠速工况抖动,熄火。经检查,其他系统均良好,蓄电池电压为12.8V,油路、进气正常,判断为节气门位置传感器故障,需进行检查调整。

二、任务目标

1. 知识目标

1)掌握微机控制点火系统的组成。
2)掌握微机控制点火系统元件的检测方法。

2. 技能目标

1)能正确地检测曲轴位置传感器的气隙和电阻值。
2)能正确地检测节气门位置传感器。
3)能正确地检测点火控制器。

3. 素养目标

1)增强学生的团队协作意识和集体责任感。
2)培养学生严谨细致、认真负责的工作态度,树立精益求精的工匠精神。

三、设备器材和技术要求

1. 设备器材

发动机台架、塞尺、万用表等。

2. 技术要求

序号	检查项目		技术要求	
1	曲轴位置传感器的气隙		0.2~0.4 mm	
2	曲轴位置传感器线圈 G_2 的电阻值		125~200Ω	
3	曲轴位置传感器线圈 N_e 的电阻值		155~250Ω	
4	进气压力传感器		电源电压:4.5~5.5V	
			信号电压:3.3~3.9V	
			怠速信号电压:1.5V	
5	节气门位置传感器电阻值检测	节气门杆与止动螺钉间隙	接线端	电阻值
		0mm	V_{TA}-E_2	0.28~6.4kΩ
		0.35mm	IDL-E_2	≤0.5kΩ
		0.70mm	IDL-E_2	无穷大
		节气门全开	V_{TA}-E_2	2.0~11.6kΩ

四、相关知识

1. 微机控制点火系统的组成

微机控制的点火系统主要由传感器、电控单元（ECU）、执行器（点火模块、点火线圈、分电器及火花塞等）组成。

传感器（包括各种开关）主要有空气流量传感器（或绝对压力传感器）、曲轴位置传感器、冷却液温度传感器、进气温度传感器、氧传感器、节气门位置传感器、车速传感器、爆燃传感器、空调开关等，其作用是把发动机的各种有关信息传递给ECU。

电控单元（ECU）的作用是接收上述各有关传感器信号，按照特定的程序进行判断、运算后，给点火电子组件输出最佳点火提前角和一次电路导通时间的控制信号。在现代发动机集中控制系统中，点火系统仅是电子控制器的一个子系统。

执行器根据电控单元或其他控制元件的指令（信号）执行各自的功能。

2. 微机控制点火系统的功能

微机控制点火系统的功能主要包括点火提前角、通电时间及爆燃控制3个方面。

3. 微机控制点火系统的分类

微机控制的点火系统按有无分电器，可分为有分电器的微机控制点火系统和无分电器的微机控制点火系统两大类。

有分电器的微机控制点火系统仍保留分电器（实质上指配电器），又称为非直接点火系统。在该系统中，点火线圈的高压电是经配电器进行分配的，即由分火头和分电器盖组成的配电器依照点火顺序适时地将高压电分配至各气缸，使各缸火花塞依次点火。

无分电器的微机控制点火系统又称为直接点火系统。该系统中点火线圈上的高压线直接与火花塞相连，工作时，点火线圈产生的高压电直接送到各火花塞，由微机根据各传感器输入的信息，依照发动机的点火顺序适时地控制各缸火花塞点火。无分电器点火系统大致可分为双缸同时点火方式点火系统和单独点火方式点火系统两种类型，如图18-1、图18-2所示。

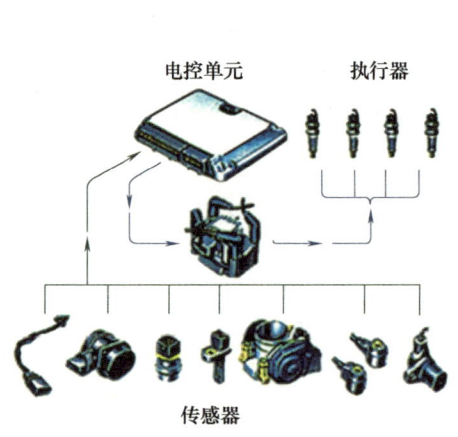

图18-1 双缸同时点火方式点火系统

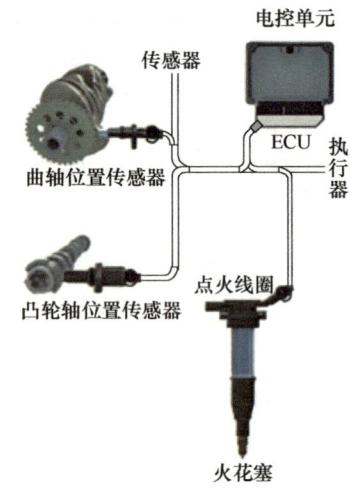

图18-2 单独点火方式点火系统

4. 微机控制点火系统的工作原理

微机控制点火系统采用计算机根据各传感器信号对点火提前角进行控制。其工作原理是发动机工作时，发动机控制单元根据传感器信号（发动机转速、凸轮轴位置、发动机温度、节气门开度等信号）确定出最佳点火提前角和通电时间，并以此向点火控制器发出指令。点火控制器根据指令控制点火线圈一次电路的导通和截止。当一次电路被切断时，次级线圈中感应出高压，直接送至工作气缸的火花塞进行点火。

五、任务实施

1. 曲轴位置传感器的检测

以丰田汽车用磁感应曲轴位置传感器为例介绍检测方法。

（1）检查气隙 用塞尺测量曲轴位置传感器转子和感应线圈铁心之间的气隙，标准值为 0.2~0.4mm。如果不符合要求，应调整或更换分电器。

（2）测量感应线圈电阻 用万用表在分电器接线插座上测量感应线圈的电阻值。其电阻值标准 G_2 线圈为 125~200Ω，N_e 线圈为 155~250Ω。如果电阻值不在规定的范围内，应更换分电器或感应线圈。

（3）输出脉冲的检测 接好分电器线束插头，将点火开关置于 ON 位置，用手转动分电器轴，同时用电压表从线束插头引出线上或微机线束插头上测量分电器中曲轴位置传感器输出的电脉冲，测量中不可将线束插头拆开。若曲轴位置传感器良好，则在分电器轴转动一圈的过程中，将输出和发动机气缸相同个数的各缸上止点信号脉冲及 1 个（或 2 个）1 缸（6 缸）上止点信号脉冲（应对照电路图，从相应的接线端测量）。如果测不到信号脉冲，则说明传感器有故障，应更换分电器。

2. 进气压力传感器的检测

图 18-3 所示为丰田汽车进气压力传感器，进气压力传感器都是 3 线的，1 根为电源线，1 根为信号线，1 根为接地线。拔开进气压力传感器的插头，接通点火开关，电源线的开路电压约为 5V。

接通点火开关，端子 VC 和 E_2 间的电压应为 4.5~5.5V。ECU 端子 PIM 与 E_2 之间的信号电压应为 3.3~3.9V，发动机怠速时信号电压约为 1.5V，随着节气门开度的增大，信号电压应上升。

拆下进气歧管处的真空软管并接在真空枪上，接通点火开关，用真空枪对传感器施以 13.3~66.7kPa 的负压，端子 PIM 与 E_2 之间的信号电压应符合标准值。

3. 节气门位置传感器的检测

以丰田车系节气门位置传感器（图 18-4）为例介绍检测方法。

1）用塞尺控制止动杆与调整螺钉间的间隙，测量节气门体旁的节气门位置传感器的电阻值，应符合标准值。

2）接通点火开关，检查节气门位置传感器的信号电压值，应符合标准值。

4. 爆燃传感器的检测

1）检测时，断开点火开关，拔下传感器线束插头，检测传感器插座（图 18-5）上端子 1 与 2 之间、1 与 3 之间、2 与 3 之间的电阻值，应大于 1MΩ。

图 18-3 丰田汽车进气压力传感器

图 18-4 丰田车系节气门位置传感器

2）拔下控制器和传感器插头，检测端子 60 与传感器端子 1、端子 68 与端子 1、端子 67 与端子 2 之间的电阻值，应小于 0.5Ω。

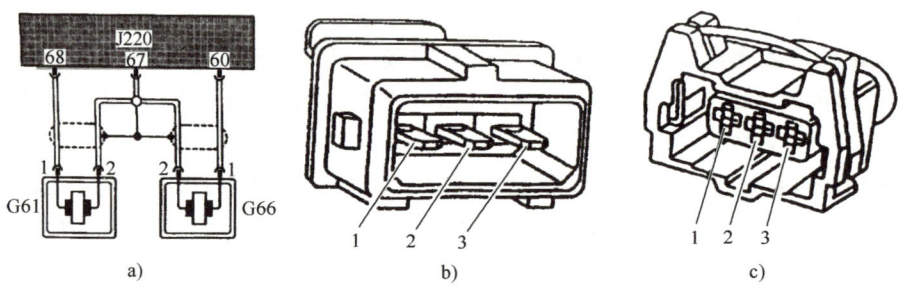

图 18-5 爆燃传感器检测图
a) 电路连接 b) 传感器插座 c) 传感器插头

5. 点火控制器的检测

以桑塔纳汽车为例介绍点火控制器的检测方法。

(1) 检查点火控制器组件的电源电压 检查时，拔下点火控制器组件插头，用万用表连接插头端子 2 和 4，测量电压。当接通点火开关时，电压应不小于 11.5V，检查完毕后应断开点火开关。

若电源电压不在规定范围内，如果为零，说明点火线圈到 15 号电源线断路，应逐段进行检查。

(2) 检查微机 ECU（J220）对点火控制组件的控制功能 检查 ECU 对点火控制组件的控制功能，就是检查 ECU 对点火控制组件的控制信号。检查时，可用桑塔纳汽车专用 V. A. G1594 检测仪或发光二极管组成的 LED 解码器进行检查。

检查时，应拔下燃油泵熔断器，使燃油泵停止运转。再拔下点火控制器插接器插头，将 V. A. G1594 或 LED 解码器连接到端子 1 与 4 以及端子 3 与 4，分别检查 1、4 缸和 2、3 缸点火线圈控制信号。起动发动机时，如果发光二极管亮，说明微机 J220 的点火控制功能正常。

当点火系统发生故障时，如果电源电压和微机控制功能正常，说明点火控制组件有故障，应更换新件。

在检查 J220 的控制功能时，如果发光二极管不亮，说明 J220 至点火控制组件之间导线存在故障或微机存在故障。这时应使用数字式万用表检查插接器插头端子 1 与微机上端子

71、端子 3 与微机上端子 78 之间的电阻值，标准值应小于 1.5Ω。如果电阻值为无穷大，说明导线存在断路，应进行检修。其次，检查端子 1 与 78、端子 3 与 71 之间是否存在短路。若电阻值为无穷大，说明导线不存在故障；若电阻值为零，说明导线存在短路。

若发光二极管不亮，检查连接导线不存在断路或短路，说明微机 J220 存在故障，应进行更换。

（3）检查点火线圈的二次电阻 用万用表检查端子 A、D 之间的电阻值，即 1、4 缸线圈二次绕组的电阻值；检查端子 B、C 之间的电阻值，即 2、3 缸线圈二次绕组的电阻值，1、4 缸或 2、3 缸点火线圈二次绕组电阻值均应为 4~6kΩ。如果电阻值不符合规定，则应更换点火控制组件。

六、注意事项

使用万用表测量电阻值、电压时，应注意档位的选择。

七、学习评价

	自我反思	自我评价	存在问题及解决方案
自我反思与自我评价	是否掌握了曲轴位置传感器的气隙的检测方法及步骤	是□ 否□	
	是否掌握了用万用表测量传感器电阻值的方法及步骤	是□ 否□	
	是否掌握了用万用表测量传感器电压的方法及步骤	是□ 否□	
	是否愿意将自己的理解和建议与小组成员沟通和探讨	是□ 否□	
	是否愿意接受其他成员的建议	是□ 否□	
	是否通过学习该任务获得了经验	是□ 否□	
	是否希望继续和组内成员合作完成其他任务	是□ 否□	
	评价项目	评价等级	存在问题和解决方案
小组评价	参与度	☆☆☆☆☆	
	完成度	☆☆☆☆☆	
	贡献度	☆☆☆☆☆	
	发言量	☆☆☆☆☆	
	沟通交流	☆☆☆☆☆	
	优点	不足	存在问题和解决方案
教师评价			

八、任务评分

项目	评分标准	分值	得分
接受任务	明确工作任务，理解任务在企业工作中的重要程度	5	
收集信息	完整、准确地收集信息资料	5	

（续）

项目	评分标准	分值	得分
制订计划	按照工作规范及要求制订合适的行动计划	5	
	能协同小组人员安排任务分工	5	
	能在计划实施前准备好需要的工具和器材	5	
计划实施	遵守安全操作规程，正确使用工具、量具，操作现场整洁	5	
	安全防护、劳动防护	5	
	检测曲轴位置传感器的气隙	5	
	检测曲轴位置传感器的电阻值	10	
	检测进气压力传感器的工作电压及信号电压	10	
	就车拆卸、安装节气门位置传感器	10	
	检查节气门位置传感器的电阻值	10	
质量检查	操作过程规范，操作结束后能对现场进行整理	10	
评价反馈	能对自身表现情况进行客观评价	5	
	能在任务实施过程中发现自身存在的问题	5	
	合计	100	

任务十九　拆装与检修起动机

一、任务描述

一辆环卫处的洒水车（车型较早），发生如下故障：发动机无法起动；在起动操作过程中，起动机有"哒哒"声，但发动机无起动趋势。经检查，蓄电池电压为12.8V，起动系统电路连接良好，其他系统均良好，最终确认起动机需进行检查调整。

二、任务目标

1. 知识目标

1）掌握起动机的组成、结构和工作原理。
2）学会正确拆卸与装配起动机。

2. 技能目标

1）能正确进行起动机的拆装。
2）能正确进行起动机的调整。

3. 素养目标

1）尊重生命、热爱劳动，履行道德准则和行为规范，具备社会责任感和社会参与意识。
2）培养学生独立思考、深入探究的工作习惯。

三、设备器材和技术要求

1. 设备器材

典型车型的起动机（以QD124H型起动机为例）、蓄电池、卡尺、导线、锉刀、砂纸、万用表、千分表及拆装工具（一字槽螺钉旋具、十字槽螺钉旋具、钢丝钩、呆扳手等）。

2. 技术要求

序号	检查项目	技术要求
1	电枢轴摆差	≤0.10mm
2	换向器径向圆跳动量	≤0.05mm
3	换向器直径	≥29.0mm
4	换向器底部凹槽深度	0.2~0.6mm
5	电刷弹簧从电刷分离瞬间拉力	17~23N

四、相关知识

1. 起动系统的作用

起动系统的作用是在正常使用条件下，通过起动机将蓄电池储存的电能转变为机械能带动发动机以足够高的转速运转，以便发动机顺利起动。

2. 对起动系统的基本要求

1）起动机的功率应和发动机起动所必需的功率相匹配，以保证起动机产生的电磁力矩大于发动机的起动阻力矩，带动发动机以高于最低起动转速的转速运转。

2）蓄电池的容量必须和起动机的功率相匹配，保证为起动机提供足够大的起动电流和必要的持续时间。

3）起动电路的连接要可靠，起动主电路的导线电阻和接触电阻要尽可能小，一般小于 0.01Ω。因此，起动主电路的导线截面积比普通的导线截面积大得多，并且连接要非常牢固、可靠。

4）发动机起动后，起动机小齿轮自动与发动机飞轮退出啮合或滑转，防止发动机带动起动机运转。

3. 起动机的基本组成

起动机是起动系统的核心，主要由直流电动机、传动机构和控制装置组成。

4. 起动机分类

起动机的解体

1）按控制装置的操纵方式分为机械操纵起动机和电磁操纵起动机。

2）按直流电动机磁场产生的方式分为永磁起动机和励磁起动机。

3）按传动机构有无减速装置分为减速起动机和非减速起动机（普通起动机）。

4）按驱动齿轮的啮入方式分为惯性啮合式起动机、电枢移动式起动机、齿轮移动式起动机和强制啮合式起动机。

五、任务实施

1. 起动机的分解

图 19-1 所示为起动机的分解图。

1）如图 19-2 所示，用扳手旋下电磁开关的接线柱"30"及"50"的螺母，取下导线。

2）如图 19-3 所示，旋下起动机贯穿螺钉和衬套螺钉，取下衬套座和端盖，取出垫片组件和衬套。

3）如图 19-4 所示，用尖嘴钳将电刷弹簧抬起，拆下电刷架及电刷。

4）如图 19-5 所示，取下励磁绕组后，用扳手旋下螺栓，从驱动端端盖上取下电磁开关总成。

5）如图 19-6 所示，在取出转子后，从端盖上取下传动叉，然后取出驱动齿轮与单向离合器，取出驱动齿轮端衬套。

2. 起动机的检查

（1）电枢轴的检查　用千分表检查起动机电枢轴是否弯曲，如图 19-7 所示。若摆差超过 0.10mm，应进行校正。若电枢轴上的花键齿槽严重磨损或损坏，应进行修复或更换。电枢轴轴颈与衬套的配合间隙不得超过 0.15mm；若间隙过大，应更换新套，进行铰配。

（2）换向器的检查

1）检查换向器有无脏污和表面烧蚀，若出现此情况，用 P400 砂纸或在车床上修整。

项目六　点火系统与起动机的拆装与调整

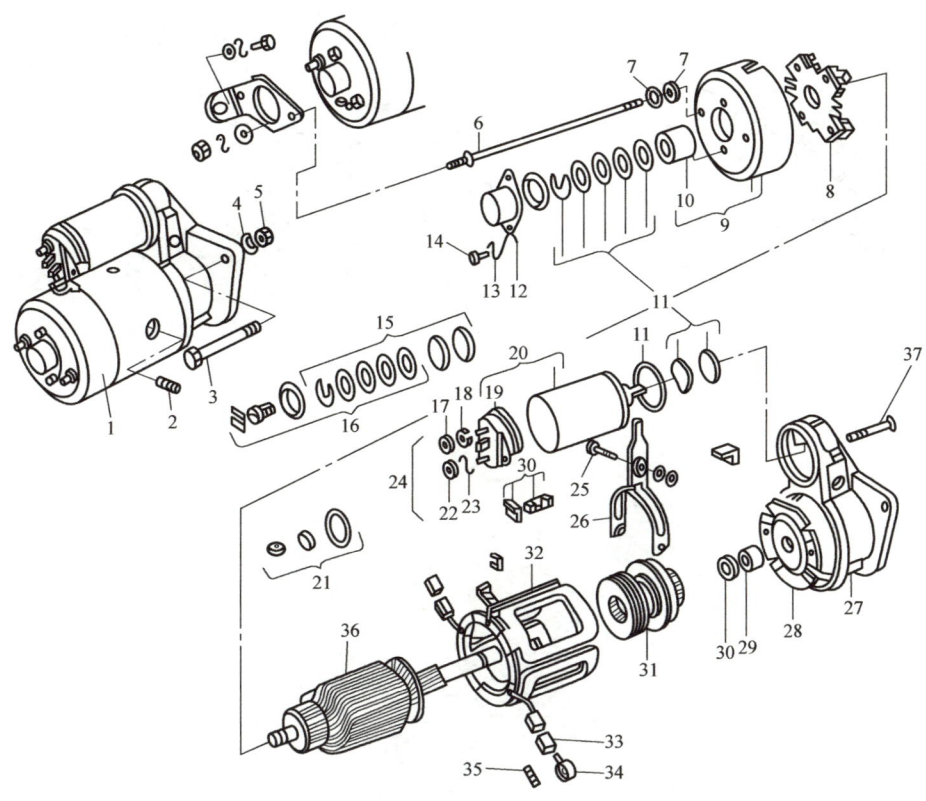

图 19-1　起动机的分解图

1—起动机总成　2—励磁绕组固定螺栓　3—起动机固定螺栓　4、18、23—弹性垫圈　5、17、22—螺母　6—端盖连接螺栓　7—垫圈　8—电刷架　9—电刷端盖　10—衬套　11—垫片组件（配件成组供应）　12—衬套座　13—弹性垫圈　14—螺钉　15—垫片组件　16—活动接柱的垫片组件（包括24）　19—电磁开关端盖　20—电磁开关总成　21—垫块及密封圈　24—电磁开关活动接柱组件　25—拨叉销　26—拨叉　27—驱动端端盖　28—中间支承盘　29—电枢轴驱动齿轮衬套　30—止动垫圈　31—驱动齿轮与单向离合器　32—励磁绕组　33—电刷　34—电刷弹簧　35—弹簧　36—电枢　37—螺栓

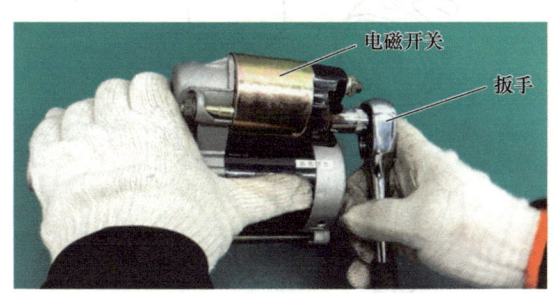

图 19-2　起动机导线的拆卸

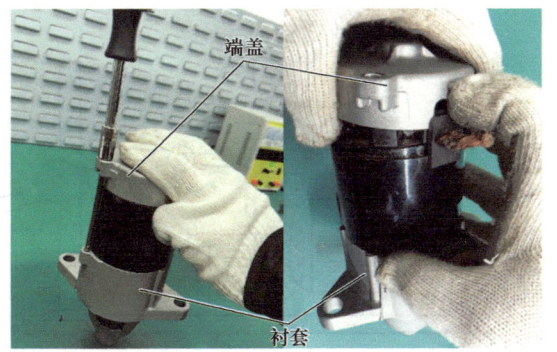

图 19-3　起动机衬套及端盖的拆卸

141

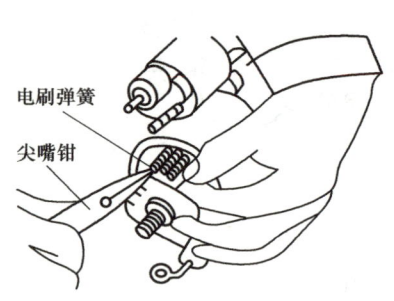

图 19-4 起动机电刷的拆卸

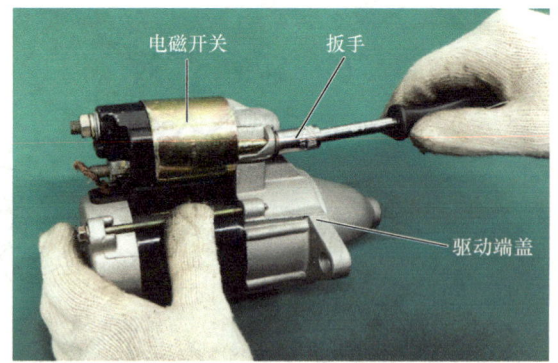

图 19-5 起动机电磁开关的拆卸

起动机电枢绕组的检查

起动机励磁绕组的检查

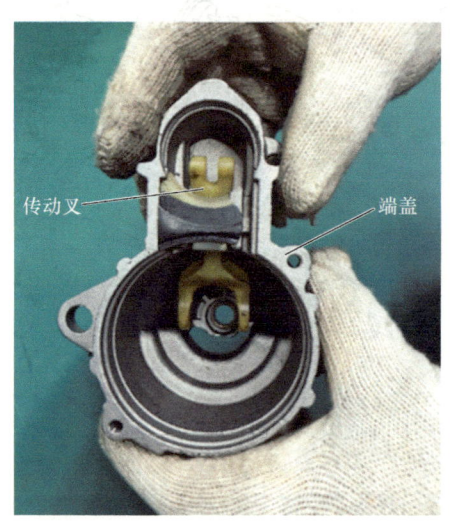

图 19-6 起动机传动叉的拆卸

2）检查换向器的径向圆跳动量，如图 19-8 所示。将换向器放在 V 形架上，用百分表测

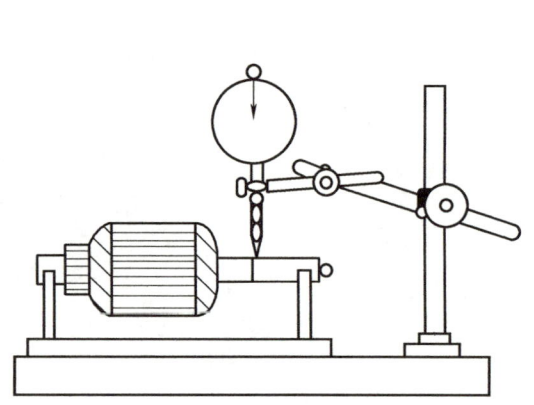

图 19-7 电枢轴弯曲度的检查

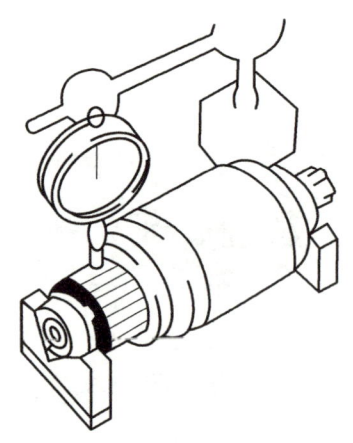

图 19-8 检查换向器径向圆跳动量

量圆周上径向圆跳动量，最大允许径向圆跳动量为 0.05mm。若径向圆跳动量大于规定值，应在车床上校正。

3）用游标卡尺测量换向器的直径，如图 19-9 所示。其标准值为 30.0mm，最小直径为 29.0mm。若直径小于最小值，应更换电枢。

4）检查换向器底部凹槽深度。测量如图 19-10 所示。标准凹槽深度为 0.6mm，最小凹槽深度为 0.2mm。若凹槽深度小于最小值，用手锯条修正。

(3) 电枢绕组的检查

1）检查换向器是否断路，如图 19-11 所示。用万用表检查换向器片之间的导通性，应导通。若换向器片之间不导通，应更换电枢。

2）检查换向器是否搭铁，如图 19-12 所示。用万用表检查换向器与电枢绕组铁心之间的导通性，应不导通。若导通，应更换电枢。

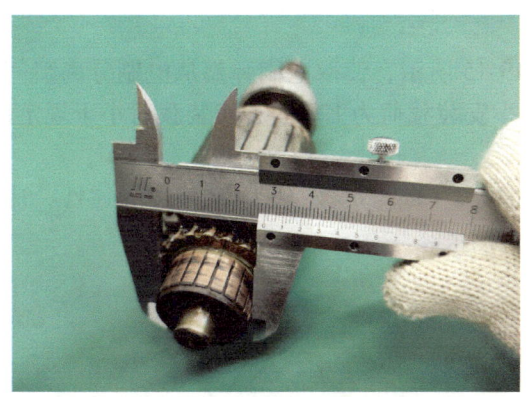

图 19-9 检查换向器直径

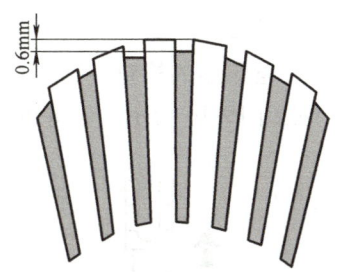

图 19-10 检查换向器底部凹槽深度

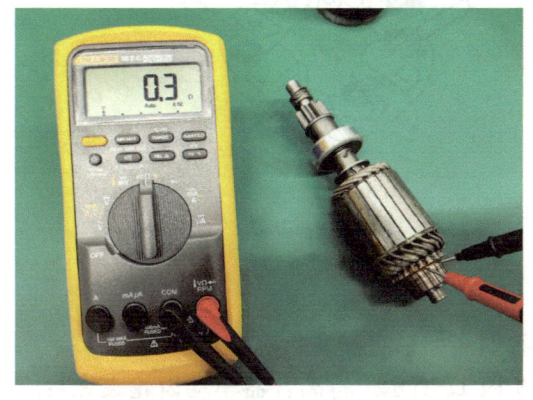

图 19-11 检查换向器是否断路

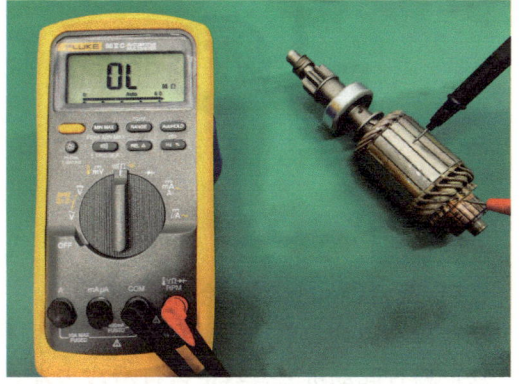

图 19-12 检查换向器是否搭铁

(4) 励磁绕组的检查

1）检查励磁绕组是否断路，如图 19-13 所示。用万用表检查引线和励磁绕组电刷引线之间的导通性，应导通。否则，更换磁极框架。

2）检查励磁绕组是否搭铁。用万用表检查励磁绕组末端与磁极框架之间的导通性，应不导通，如图 19-14 所示。若导通，修理或更换磁极框架。

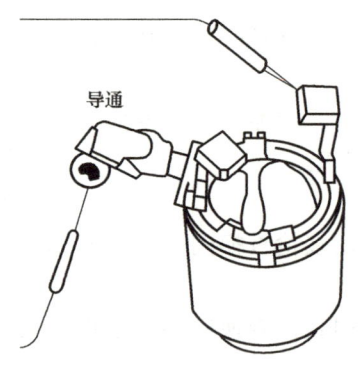

图 19-13 检查励磁绕组是否断路

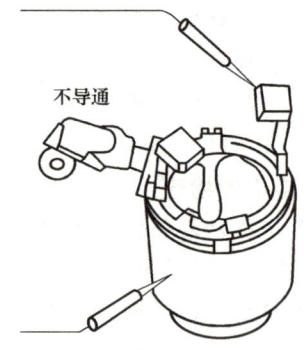

图 19-14 检查励磁绕组是否搭铁

（5）**电刷弹簧的检查** 检查电刷弹簧如图 19-15 所示，读取电刷弹簧从电刷分离瞬间的拉力计读数。标准弹簧安装载荷为 17~23N，最小安装载荷为 12N。若安装载荷小于规定值，应更换电刷弹簧。

（6）**电刷架的检查** 用万用表检查电刷架正极（+）与负极（-）之间的导通性，应不导通，如图 19-16 所示。若导通，修理或更换电刷架。

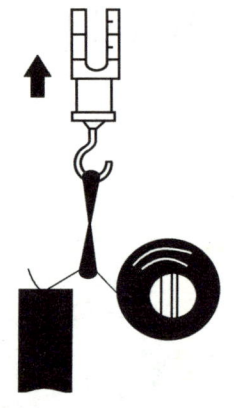

图 19-15 检查电刷弹簧

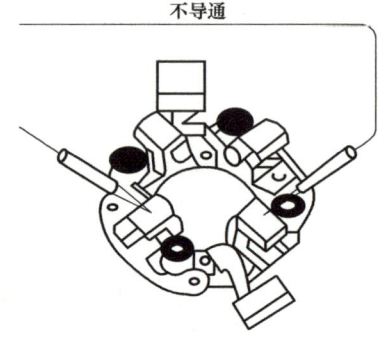

图 19-16 检查电刷架绝缘情况

（7）**离合器和驱动齿轮的检查**

1）检查离合器和驱动齿轮是否严重损伤或磨损。如果有损坏，应进行更换。

2）检查起动机离合器是否打滑或卡滞，如图 19-17 所示。将离合器驱动齿轮夹在台虎钳上，在花键套筒中套入花键轴，将扳手接在花键轴上，测得力矩应大于规定值（24~26N·m），否则说明离合器打滑。反向转动离合器应不卡滞，否则，应修理或更换离合器总成。

（8）**电磁开关的检修**

1）检查电磁开关内部线圈断路、短路或搭铁故障，可用万用表测线圈电阻值后与标准值比较进行判断。

2）按照图 19-18 所示连接好电路，接通开关 S 后应能听到活动铁心动作的声音，同时试灯 EL 应亮，开关 S 断开后，试灯 EL 应立即熄灭。否则，应更换电磁开关或更换起动机总成。

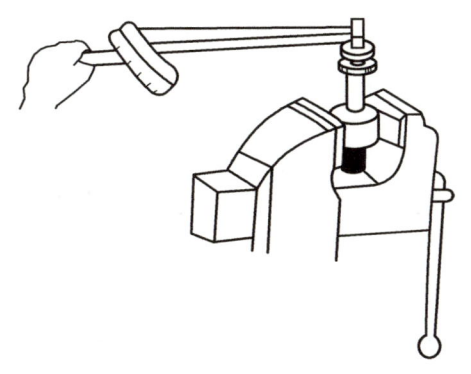

图 19-17　检查起动机离合器工作是否正常

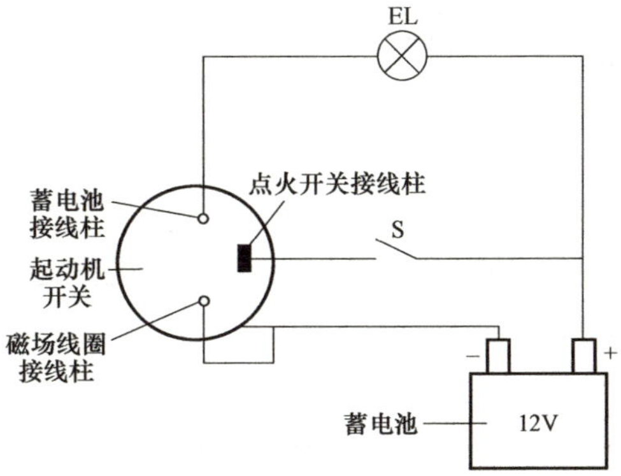

图 19-18　电磁开关的检查

3. 起动机的组装

可按与起动机分解相反的顺序进行，但应注意以下事项：

1）安装时，衬套中应涂上润滑脂。

2）如图 19-19 所示，用止动垫圈调整驱动齿轮的轴向间隙（推到极限位置），标准值为 0.3~1.5mm。

六、注意事项

1）在拆卸蓄电池时，先拆负极后拆正极；安装时，先装正极后装负极。严格按照规定顺序进行操作。

2）部分组合件无故障时，不必彻底解体，如电磁开关、定子铁心和绕组。

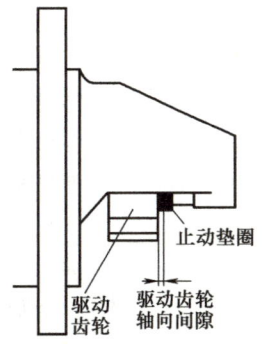

图 19-19　起动机驱动齿轮轴向间隙的调整

3）部分起动机组装时，接合面应涂密封剂。

4）所有螺栓和螺母的紧固力矩应符合规定，并检查调整各部分间隙，所有自锁螺母必须更换新件。

七、学习评价

	自我反思	自我评价	存在问题及解决方案
自我反思与自我评价	是否掌握了起动电路的检测方法及步骤	是□　否□	
	是否掌握了起动机总成就车的拆装方法及步骤	是□　否□	
	是否能对起动机总成进行解体检测及装复	是□　否□	
	是否愿意将自己的理解和建议与小组成员沟通和探讨	是□　否□	
	是否愿意接受其他成员的建议	是□　否□	
	是否通过学习该任务获得了经验	是□　否□	
	是否希望继续和组内成员合作完成其他任务	是□　否□	

(续)

	评价项目	评价等级	存在问题和解决方案
小组评价	参与度	☆☆☆☆☆	
	完成度	☆☆☆☆☆	
	贡献度	☆☆☆☆☆	
	发言量	☆☆☆☆☆	
	沟通交流	☆☆☆☆☆	
教师评价	优点	不足	存在问题和解决方案

八、任务评分

项目	评分标准	分值	得分
接受任务	明确工作任务,理解任务在企业工作中的重要程度	5	
收集信息	完整、准确地收集信息资料	5	
制订计划	按照工作规范及要求制订合适的行动计划	5	
	能协同小组人员安排任务分工	5	
	能在计划实施前准备好需要的工具和器材	5	
计划实施	遵守安全操作规程,正确使用工具、量具,操作现场整洁	5	
	安全防护、劳动防护	5	
	从发动机上拆下起动机总成	10	
	解体起动机	10	
	检测起动机各部分	15	
	将起动机正确组装并装复到车上	10	
质量检查	操作过程规范,操作结束后能对现场进行整理	10	
评价反馈	能对自身表现情况进行客观评价	5	
	能在任务实施过程中发现自身存在的问题	5	
	合计	100	

【拓展课堂】工匠精神杰出代表、"七一勋章"获得者——艾爱国

直到2015年退休,艾爱国在焊工岗位上一干就是将近50年。其间虽然有机会担任管理干部,但他不忘初心,认准自己的人生理想就是要当个好工人。

1983年,原冶金工业部组织联合研制新型贯流式高炉风口。当时,艾爱国还是一名普通青年焊工,仍主动要求参加攻关。在国内尚无先例的情况下,艾爱国大胆提出采用当时尚未普及的氩弧焊工艺,把交流氩弧焊机改造成直流焊机,焊枪加以变化,使之能够承受高温。经过艰苦的反复试验,艾爱国终于获得成功,因此荣获国家科技进步奖二等奖。

往后的几十年里,艾爱国为我国冶金、矿山、机械、电力等行业攻克技术难关 400 多个、改进工艺 100 多项、申报国家专利 6 项、获 1 项国家发明专利。在一次又一次挑战里,艾爱国勇攀高峰,将挑战转变为机遇。百炼成钢,在这转变背后需要的是一次次自我磨炼和技术创新。

实践出真知,艾爱国特别注重把自己技术攻关的丰富案例加以总结分析,所做的技术笔记有数十万字。1983 年,他的《钨极手工氩弧焊紫铜风口的焊接》在全国高炉风口学术论坛上发表并获奖;1987 年,《首钢 3 万立方米制氧机铝焊总结》在学术研讨会上获奖;2001 年,艾爱国与他人合编出版《最新锅炉压力容器焊工培训教材》一书。

"行是知之始,知是行之成。"艾爱国将实践上升到理论高度,再用理论指导实践。他紧跟新时代浪潮,将实操中的一点一滴磨练成真知灼见,成为知识型好工人。

艾爱国带过的 600 多名徒弟,遍布全国各地。

有一年,首钢进口了世界最大的制氧机。在安装中遇到焊接难题,请艾爱国当师傅。他用半年时间对首钢焊工进行培训,其中 33 名获得德国铝镁合金氩弧焊合格证,圆满完成安装任务。

湘钢高级工以上级别的焊工,80% 以上跟艾爱国学过技艺。他们当中有的已享受国务院政府特殊津贴、获得全国"五一劳动奖章""三八红旗手"等多种荣誉。

艾爱国坚信:不论是当工人,还是干其他工作,要有所建树,知识、干劲、奉献精神三者缺一不可。

项目七

发动机总成的拆装

汽车整车大修或发动机大修时，需将汽车外部清洗后送入拆卸工位，放出所有润滑油和冷却液，将发动机总成从汽车上拆下，然后将总成拆成零件进行检修。发动机总成拆装的工作质量会直接影响汽车和发动机总成的修理质量、修理速度和修理成本，所以应严格遵守拆装工艺要求。

本项目主要介绍汽车发动机总成的拆装过程，通过学习可以了解汽车发动机总成拆装的相关知识，掌握汽车发动机总成各部件的拆装技能，帮助学生形成正确的汽车检测维修思路，培养标准意识、规范意识、安全文明操作意识、团队合作意识，树立精益求精的工匠精神，为将来能够胜任汽车售后服务职业岗位，解决较复杂的汽车检测维修等问题奠定良好的基础。

知识导图

发动机总成的拆装 —— 拆装发动机总成

任务二十　拆装发动机总成

一、任务描述

王先生早上驾车去上班途中，突然感觉发动机加速无力，停车后发现发动机怠速不稳，且发动机故障指示灯亮，并且持续不熄灭。经维修技师检查，初步判定为发动机故障，需要根据维修手册，使用诊断仪、参考相关资料排除故障，恢复发动机系统功能并提出合理化使用建议。

二、任务目标

1. 知识目标

1）掌握汽车发动机的基本构造与工作原理。
2）理解汽车发动机各组成系统的结构与工作原理。
3）掌握汽车发动机总成、各零部件及其相互间的连接关系、拆装方法和步骤及注意事项。

2. 技能目标

1）能够正确进行汽车发动机常用拆装工具和仪器设备的使用。
2）能够正确进行汽车发动机的总体拆装、调整和各系统主要零部件的拆装。

3）能够正确进行汽车发动机主要零部件的检查、测量。

3. 素养目标

1）提升学生的标准、规范、安全意识，树立精益求精的工匠精神。
2）培养学生良好的安全文明操作意识。

三、设备器材和技术要求

1. 设备器材

桑塔纳 JV 发动机或丰田 5A-FE 发动机（或其他可拆装使用的发动机）、相关挂图或图册若干、可调节扭力扳手、指针式扭力扳手、手摇杆、接杆、10mm 套筒、塞尺、吹气枪、洗涤油盆、毛刷、铲刀及常用维修工具。

2. 技术要求

序号	检查项目	技术要求
1	在拆卸同步带上的防护罩时，是否注意观察曲轴、凸轮轴正时标记	标记对齐
2	加注机油、变速器润滑油和冷却液	标记位置

四、相关知识

发动机由两大机构、五大系统组成。

1. 曲柄连杆机构

曲柄连杆机构是发动机实现工作循环、完成能量转换的主要运动零件。它由机体组、活塞连杆组和曲轴飞轮组等组成。

发动机的组成

2. 配气机构

配气机构的功用是根据发动机的工作顺序和工作过程，定时开启和关闭进气门和排气门，使可燃混合气或空气进入气缸，并使废气从气缸内排出，实现换气过程。进、排气门的开闭由凸轮轴控制。凸轮轴由曲轴通过同步带或齿轮或链条驱动。进、排气门和凸轮轴以及其他一些零件共同组成配气机构。

3. 燃料供给系统

汽油机燃料供给系统的功用是根据发动机的要求，配制出一定数量和浓度的混合气后供入气缸，并将燃烧后的废气从气缸排到大气中去。

4. 润滑系统

润滑系统的功用是向做相对运动的零件表面输送定量的清洁润滑油，以实现液体摩擦，来减小摩擦阻力、减轻机件的磨损，并对零件表面进行清洗和冷却，在运动零件之间形成油膜，提高其密封性和防腐蚀性。润滑系统通常由润滑油道、机油泵、机油滤清器和一些阀门等组成。

5. 冷却系统

冷却系统的功用是将受热零件吸收的部分热量及时散发出去，以保证发动机在最适宜的温度状态下工作。水冷发动机的冷却系统通常由冷却液套、水泵、风扇、散热器、节温器等组成。

6. 点火系统

在汽油机中，气缸内的可燃混合气是靠电火花点燃的。在汽油机的气缸盖上装有火花塞，火花塞的头部伸入燃烧室内。点火系统通常由蓄电池、发电机、分电器、点火线圈和火花塞等组成。

火花塞有一个中心电极和一个侧电极，两电极之间是绝缘的。当在火花塞两电极间加上直流电压并且电压升高到一定值时，火花塞两电极之间的间隙就会被击穿而产生电火花。能够在火花塞两电极间产生电火花所需要的最低电压称为击穿电压。

7. 起动系统

要使发动机由静止状态过渡到工作状态，必须先用外力转动发动机的曲轴，使活塞做往复运动，气缸内的可燃混合气燃烧膨胀做功，推动活塞向下运动使曲轴旋转，发动机才能自行运转，工作循环才能自动进行。曲轴在外力作用下开始转动到发动机开始自动地怠速运转的全过程，称为发动机的起动。完成起动过程所需的装置称为发动机的起动系统。

五、任务实施

1. 发动机总成的拆卸（以丰田 5A 发动机为例）

（1）拆卸原则

1）先外后里，由易到难；巧用工具，摆放整齐。

2）第一次拆装，拆卸的零部件程度以总成件为主，如图 20-1 所示。

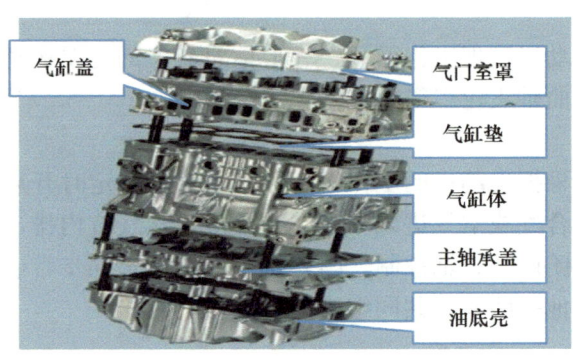

图 20-1　拆下零部件提示

3）零部件摆放要规范，如图 20-2 所示。

（2）发动机总成拆卸

1）拆卸 V 带及同步带。

① 旋松发动机撑紧臂的固定螺栓，拆卸水泵、发动机的同步带。

② 拆卸水泵带轮、曲轴带轮，拆卸同步带上防护罩。注意观察曲轴、凸轮轴正时标记，若标记点没有对齐，可摇转曲轴使其对齐标记点。先摇转发动机曲轴使曲轴对齐标记点，再观察凸轮轴标记点是否对齐。若凸轮轴没有查找到标记点，可将曲轴摇转 1 圈至标记点，再观察凸轮轴标记点是否对齐。曲轴正时标记如图 20-3 所示。凸轮轴正时标记如图 20-4 所示。

项目七　发动机总成的拆装

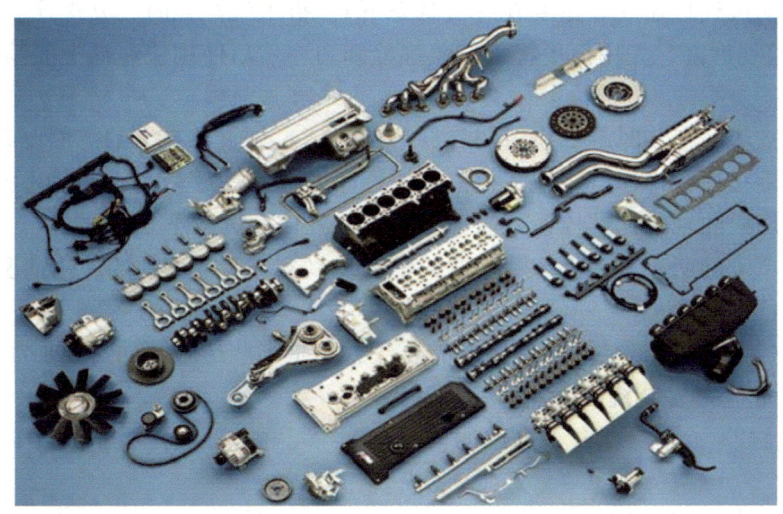

图 20-2　零部件摆放规范

图 20-3　曲轴正时标记

图 20-4　凸轮轴正时标记

③当正时带标记点对齐时，可旋松正时带张紧轮紧固螺母，转动张紧轮的偏心轴，使正时带松弛，取下正时带，如图 20-5 所示。

2）拆卸发动机外部附件。

①拆卸水泵上面尚未拆卸的连接管。

②拆卸水泵（看安装位置）、发电机、起动机、分电器（看结构形式）、燃油泵、机油滤清器、进气歧管、火花塞等总成部件，摆放整齐。

3）解体发动机机体。

①放出油底壳内的机油，拆下油底壳。装配时，要更换新机油密封衬垫。

②拆卸机油泵（看结构形式，有的安装在曲轴上）、机油滤清器。

③拆卸气门室罩。安装时要更换气门室罩密封垫。

图 20-5　正时带的拆卸

151

④ 拆卸发动机气缸盖（一定要在冷机状态下）。拆下气缸盖时，其螺栓应从两端向中间分次、交叉对角地拆卸，先用扳手将气缸盖螺栓卸力，然后使用快速摇把或其他扳手将气缸盖螺栓旋下。

⑤ 取下气缸垫。安装时，更换新的气缸垫（注意：气缸垫有字的一面要朝上）。

⑥ 用扳手旋松连杆螺栓，将连杆组依次按顺序取下并摆放整齐，连杆瓦盖不得混装。

⑦ 用扳手旋松曲轴轴瓦螺栓，将曲轴飞轮组从缸体上拆解下来。

⑧ 将拆解下来的所有零部件按顺序摆放整齐，以备查验零部件的使用情况。

2. 发动机总成的组装

总成组装的顺序与拆卸的顺序相反。需要注意的是某些运转部件需要加注机油。

1）安装油底壳，安装机油滤清器、机油泵。

2）安装气缸垫（注意方向，有字的面朝上）、气缸盖，其螺栓应从中间向两端分次、交叉拧紧。

3）装复发动机的外部附件。

4）安装 V 带及同步带，检查带的张紧度。

六、注意事项

1. 拆卸发动机注意事项

1）在松开螺栓、螺母等拆卸零部件之前，应仔细检查。在分解前或分解过程中所得到的知识，对成功的装配是极其重要的。

2）对于铝合金零件应十分小心地进行操作。铝合金零件比钢或铸铁零件软，其精加工表面很容易损伤。

3）准备好盘、盒，依次摆放分解的零件。在盘、盒内摆入零件时，应使这些零件易于识别。需要时，应在零件上做标记和加标签，以使这些零件能装回原来的位置。

2. 安装发动机注意事项

发动机安装顺序按与拆卸相反的顺序进行，同时应注意下列事项：

1）在发动机的安装件和安装托架紧固之前，不要完全松脱起吊装置，以免发生安全事故。

2）按规定程序和规定的牌号、数量，将发动机的润滑油、变速器润滑油和冷却液加至标准量。

3）按规定的方法，将阻风门、节气门和离合器拉索调整到标准要求。

4）按规定的拧紧力矩，将发动机安装部位、转向球节螺栓、稳定杆安装托架螺钉等紧固。

5）各导线的插接件要插接到位，接线要正确无误。

6）在发动机安装后和起动之前，要全面检查安装部位的正确性。

7）起动发动机后，应检查点火正时是否正确。如果不正确，则按规定要求予以调整。

8）发动机起动后，要检查冷却系统、润滑系统和发动机运转部分是否有漏水、漏油、漏气部位及不正常的异响和噪声。

9）在发动机起动检查之后，应行驶 1~3km，检查各拉索调整的正确性和各零部件的工作状况是否正常。

七、学习评价

	自我反思	自我评价	存在问题及解决方案
自我反思与自我评价	当顶起汽车时，举升器的垫座或千斤顶的支点是否对准车体上的安全支撑点	是□ 否□	
	在进行任何电气系统拆装、发动机的移动作业前，是否先拆下了蓄电池负极接线	是□ 否□	
	对于结构复杂的组件和总成，以及初次拆卸的零件，是否在适当的非工作面上打上记号，以便组装时将其安装到原来的位置上	是□ 否□	
	组装时，是否做好清洁工作，尤其是重要的配合表面、油道等，是否用压缩空气吹净	是□ 否□	
	在操作时是否禁止吸烟、远离了火源	是□ 否□	
	是否通过学习该任务获得了经验	是□ 否□	
	是否希望继续和组内成员合作完成其他任务	是□ 否□	
	评价项目	评价等级	存在问题和解决方案
小组评价	参与度	☆☆☆☆☆	
	完成度	☆☆☆☆☆	
	贡献度	☆☆☆☆☆	
	发言量	☆☆☆☆☆	
	沟通交流	☆☆☆☆☆	
	优点	不足	存在问题和解决方案
教师评价			

八、任务评分

项目	评分标准	分值	得分
接受任务	明确工作任务，理解任务在企业工作中的重要程度	5	
收集信息	完整、准确地收集信息资料	5	
制订计划	按照工作规范及要求，制订合适的行动计划	5	
	能协同小组人员安排任务分工	5	
	能在计划实施前准备好需要的工具和器材	5	
计划实施	遵守安全操作规程，正确使用工具、量具，操作现场整洁	5	
	安全防护、劳动防护	5	
	熟悉发动机的相关知识	10	
	熟悉发动机总成拆卸的原则和步骤	5	
	熟悉发动机总成组装的原则和步骤	10	
	拆卸发动机的注意事项（口述）	10	
	安装发动机的注意事项（口述）	10	

（续）

项目	评分标准	分值	得分
质量检查	操作过程规范，操作结束后能对现场进行整理	10	
评价反馈	能对自身表现情况进行客观评价	5	
	能在任务实施过程中发现自身存在的问题	5	
	合计	100	

【拓展课堂】 艰难困苦 玉汝于成

航天员聂海胜、刘伯明、汤洪波被搭载神舟十二号载人飞船的长征二号F遥十二运载火箭顺利送入太空，发射取得圆满成功。他们3个人成了当时全网"最火的男人"。

汤洪波刚入伍时，给父母寄回来的一张生活照。照片里，一身军装的汤洪波笔直地站在松林旁，离他几米远的地方，矗立着一尊"鲤鱼跃龙门"的雕像。这张照片的寓意，代表着出身普通的孩子，最好的出路，那就是读书。读书，可以最大可能地实现"鲤鱼跃龙门"的跨越。

他们都是在农村出生，可在飞上太空的那一刻：聂海胜是博士学位，少将军衔；刘伯明是硕士学位，少将军衔；汤洪波是硕士学位，大校军衔。从农村娃，到具有高学历，再到成为全国人民崇拜的"偶像"，正是读书改变了他们的命运。"你人生的高度，就是你脚下书本的厚度。""请相信读书的力量，不管过去还是现在，它依旧是大部分人改变自己和实现人生跨越的最强大的武器。"

一个人想要脱胎换骨，就要学会低头吃苦。如今，我们看到他们光芒万丈，可在背后，他们不仅要吃读书的苦，要忍受过去艰难的环境之苦，还要忍受训练之苦。

聂海胜在成为航天员的前4年左右时间里，要完成基础理论、体质等8大类上百个科目的艰苦训练，对生理和心理都是极大的挑战。

刘伯明的父亲曾见证过儿子训练的艰苦：坐在高空旋转椅上，疾转100多圈后，下来还要辨别方向；有几天要24h头朝下躺在30°倾斜的床上。

汤洪波的父亲透露说，儿子训练后累得"楼都爬不上了"。汤洪波有句话说得好："要想向上生长，先要向下扎根。"

人生如攀登，每登上一阶，机会就越多，视野也越广，可每攀登一阶，就要付出更多的艰辛。当你吃够了生活的苦、学习的苦、工作的苦，熬出了头，世间一切美好便会纷至沓来。

心理学家把人的知识和技能分成3个区：舒适区、学习区、恐慌区。真正的高手，都喜欢主动走向恐慌区，面对未知和挑战，逼迫自己走向更高层次。走出舒适区的过程，一定充满了疼痛，但最终你会遇到一个更好的自己。探索未知世界的过程，你会遇到很多困难，但最终你会看到一个更大的世界。人生就要不设限，不断拓宽边界，大胆尝试，努力创造自己的精彩人生。

项目八

新能源汽车发动机系统认知

汽车发动机是传统汽车的动力源，而新能源汽车是指采用新型动力系统，完全或主要依靠新型能源驱动的汽车，主要有纯电动汽车、插电式混合动力（含增程式）汽车和燃料电池汽车等。

本项目主要介绍混合动力电动汽车的相关知识，通过本项目的学习可以掌握混合动力电动汽车发动机系统的维护知识，帮助学生形成环保意识、安全意识和规则意识等，为将来能够胜任汽车售后服务职业岗位，解决较复杂的新能源汽车检测维修等问题奠定良好的基础。

知识导图

新能源汽车发动机系统认知 —— 认知新能源汽车发动机系统

任务二十一　认知新能源汽车发动机系统

一、任务描述

近期刘先生想要为家里增购1辆汽车，经过上网查询发现新能源汽车在使用成本、道路通行等方面都有一定的优势，因此刘先生决定对新能源汽车做进一步了解，以便做出最终的决定。

二、任务目标

1. 知识目标

1）掌握新能源汽车的定义和分类。
2）了解混合动力电动汽车的结构形式、分类及其特点。

2. 技能目标

1）能列出几种新能源汽车。
2）能叙述各种混合动力电动汽车的特点。

3. 素养目标

1）培养环保意识、安全意识和规则意识。
2）能够认识到我国汽车制造的创新能力和成果，树立创新精神。
3）树立"技能强国"思想，培养学生为全面建设社会主义现代化国家、全面推进中华民族伟大复兴而团结奋斗的责任感。

三、设备器材

混合动力电动汽车整车或台架、安保工具及防护装备、清洁工具等。

四、相关知识

新能源汽车是指采用新型动力系统，完全或主要依靠新型能源驱动的汽车。

新能源汽车主要包括纯电动汽车、插电式混合动力（含增程式）汽车和燃料电池汽车等。本任务主要介绍混合动力电动汽车。

1. 混合动力电动汽车定义

混合动力电动汽车是指能够至少从可消耗的燃料和可再充电能/能量储存装置这两类车载储存的能量中获得动力的汽车。其动力依据实际的汽车行驶状态由单个驱动系单独提供或多个驱动系共同提供。

2. 混合动力电动汽车动力输出方式

混合动力电动汽车动力输出方式见表 21-1（以 HYBRID 系统为例）。

表 21-1　HYBRID 系统的工作示意图

行驶工况	发动机和驱动电机工作状态	工作特点
停车时	自动怠速停止	怠速时，发动机自动停止工作，消除油耗与尾气排放。 怠速结束，松开制动踏板，驱动电机工作，同时根据工作状态起动发动机 注：根据条件不同，存在发动机无法停止的情况
开始加速时	发动机工作并且驱动电机辅助	低转速时，依靠可变气门正时及升程电子控制系统，驱动电机辅助发动机运转，提供强劲的加速动力
缓加速	仅发动机工作	缓慢加速时，通过低转速时的可变气门正时及升程电子控制系统，仅靠发动机提供动力
低速巡航	仅驱动电机工作	以约 40km/h 的速度行驶时，发动机 4 个气缸的气门关闭，停止工作。仅由驱动电机驱动行驶
加速行驶	发动机工作并且驱动电机辅助	由驱动电机通过低转速时用的可变气门正时及升程电子控制系统辅助发动机运转，提供强劲的加速动力
急剧加速	发动机工作并且驱动电机辅助	发动机的转速提高后，发动机切换到高转速使用的可变气门正时及升程电子控制系统，产生高功率。加上驱动电机的辅助系统，提供更为强劲的加速动力
高速巡航	仅发动机工作	高转速时用可变气门正时及升程电子控制系统辅助发动机运行
减速行驶	动力蓄电池充电	发动机的 4 个气缸全部停止工作。驱动电机最大限度地利用减速能量给动力蓄电池充电。在驱动电机辅助时进行再利用

3. 混合动力电动汽车的分类

（1）混合动力电动汽车按照其动力的输出方式分类　混合动力电动汽车按照其动力的输出方式分为普通混合动力电动汽车、插电式混合动力电动汽车和增程式混合动力电动汽车。3 种动力输出方式的特点和优缺点见表 21-2。

项目八　新能源汽车发动机系统认知

表 21-2　3 种动力输出方式的特点和优缺点

输出方式	特点及优缺点
普通混合动力电动汽车	特点：正常行驶过程中，主要依靠发动机驱动。电量充足的条件下，车辆起动或者低速行驶时，完全依靠驱动电机驱动，但是续驶里程极短。车速提高时发动机开始驱动车辆行驶。当遇到坡道或者急加速时，发动机和驱动电机共同驱动车辆行驶 优点：省油，不需要"热车"，插上钥匙即可行车 缺点：增设的电驱系统占据一定的使用空间，并且座椅不能放倒
插电式混合动力电动汽车	特点：与普通混合动力电动汽车相比，插电式混合动力电动汽车只是多了充电接口，能够外接充电 优点：节油效果好，充电时间不长，动力蓄电池容量大，续驶能力强 缺点：可选择车型少，相关产品定价过高，维修费用高
增程式混合动力电动汽车	特点：用发动机带动发电机进行发电，驱动电机驱动车辆。当动力蓄电池电量充足时，采用纯电动模式行驶；当电量不足时，起动车内发动机，带动发电机为动力蓄电池充电，提供驱动电机运行的电力（即增程模式） 优点：能通过外接电源充电，纯电续驶里程较长 缺点：高速上的动力性能不及普通混合动力电动汽车和插电式混合动力电动汽车，比普通汽车仅有起步和加速上的优势

（2）按照混合动力电动汽车的结构形式分类　混合动力电动汽车按照结构形式分为串联式混合动力电动汽车（SHEV）、并联式混合动力电动汽车（PHEV）和混联式混合动力电动汽车（PSHVE）3 种。增程式混合动力电动汽车只能是串联式结构，而并联式和混联式结构既可以应用于普通混合动力电动汽车，也可以应用于插电式混合动力电动汽车。3 种结构形式的特点和优缺点见表 21-3。

表 21-3　3 种结构形式的特点和优缺点

结构形式	特点及优缺点
串联式结构	特点：驱动电机+发动机＝串联式结构。发动机在任何情况下都不参与驱动汽车的工作，它只能通过带动发电机为驱动电机提供电能 优点：是混合动力电动汽车中结构最简单的，没有变速器，中低速运行或者城市工况节油效果优于普通汽车 缺点：发动机起动后，高速运行油耗比普通汽车高

157

(续)

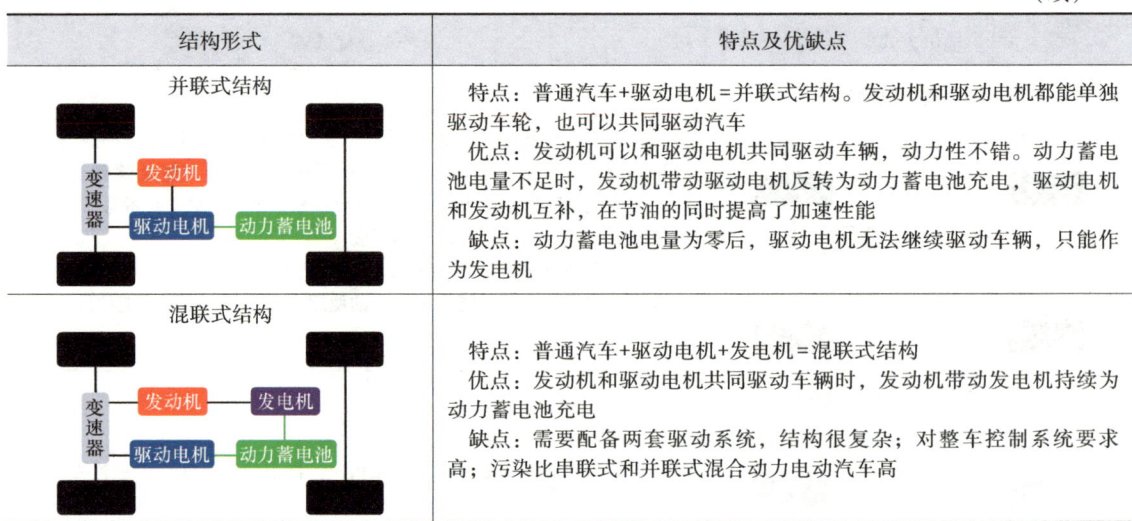

结构形式	特点及优缺点
并联式结构	特点：普通汽车+驱动电机=并联式结构。发动机和驱动电机都能单独驱动车轮，也可以共同驱动汽车 优点：发动机可以和驱动电机共同驱动车辆，动力性不错。动力蓄电池电量不足时，发动机带动驱动电机反转为动力蓄电池充电，驱动电机和发动机互补，在节油的同时提高了加速性能 缺点：动力蓄电池电量为零后，驱动电机无法继续驱动车辆，只能作为发电机
混联式结构	特点：普通汽车+驱动电机+发电机=混联式结构 优点：发动机和驱动电机共同驱动车辆时，发动机带动发电机持续为动力蓄电池充电 缺点：需要配备两套驱动系统，结构很复杂；对整车控制系统要求高；污染比串联式和并联式混合动力电动汽车高

（3）按照混合动力系统混合度的不同分类

1）微混合动力系统。这种微混合动力系统的汽车的驱动电机并没有为汽车行驶提供持续的动力。其驱动电机最大功率和发动机的最大功率比不大于5%。

2）轻混合动力系统。轻混合动力系统除了能够实现用发电机控制发动机的起动和停止，还能够实现：①在减速和制动工况下，对部分能量进行回收；②在行驶过程中，发动机等速运转，发动机产生的能量可以在车轮的驱动需求和发电机的充电需求之间进行调节。其驱动电机最大功率和发动机的最大功率比为5%~15%。

3）中混合动力系统。中混合动力系统采用的是高压驱动电机。该系统在汽车处于加速或者大负荷工况时，驱动电机能够辅助驱动车轮，从而补充发动机本身动力输出的不足，更好地提高整车的性能。其驱动电机最大功率和发动机的最大功率比为15%~40%。

4）完全混合动力系统。该系统采用了272~650V的高压驱动电机。完全混合动力系统的混合度可以达到甚至超过50%。其驱动电机最大功率和发动机的最大功率比大于40%。

4. 混合动力电动汽车维修基本操作和注意事项

丰田卡罗拉混合动力电动汽车使用动力蓄电池（高电压），配备了在最高650V电压下工作的混合动力系统，且动力蓄电池的电解液是含氢氧化钾的强碱溶液。所以工作人员务必要经过专业训练才能维修和检查高压系统。

（1）基本维修操作提示 混合动力电动汽车基本维修操作提示见表21-4。

表21-4 混合动力电动汽车基本维修操作提示

序号	维修操作基本步骤	维修操作注意事项
1	着装	身着清洁的工作服，戴好工作帽，穿好绝缘鞋
2	车辆防护	开始工作前，准备好散热器格栅罩、翼子板保护罩、座椅护面及地板垫
3	检查安全操作	两个或两个以上人员一起工作时，务必要相互检查安全情况。在发动机运转的情况下进行工作时，要确保维修车间中具备通风装置，以排出废气；维修高温、高压、旋转、移动或振动的零件时，一定要佩戴适当的安全设备，并且要防止自己或他人受到伤害；顶起车辆时，务必使用安全底座支撑车辆的规定部位，举升车辆时，使用适当的安全设备

(续)

序号	维修操作基本步骤	维修操作注意事项
4	准备工具和测量设备	开始工作前,准备好工具台、测量设备、机油和全部所需更换零件
5	拆卸和安装、拆解和装配操作	在充分了解正确的维修程序和报修故障之后,对故障进行诊断;拆卸任何零件前,都要检查总成的总体状况以确认是否变形或损坏;如果程序复杂,要做记录。加上装配标记,以确保将各零部件重新装配到其原来位置。如有必要,可暂时对软管及其管接头做标记;如有必要,清洗拆下的零件,彻底检查后,再装配这些零件
6	拆下零件	应将拆下的零件放在一个单独的盒子内,以免与新零件混淆或弄脏新零件;对于不可重复使用的零件(衬垫、O形圈和自锁螺母等),要按照说明用新件进行更换。如客户要求,则保留拆下的零件以备客户检查
7	完成工作后的检查	确保零件正确安装紧固;确保使用的布或工具未留在发动机舱内或车内;检查并确认无机油泄漏

(2) 检查和维修高压电路的注意事项

1) 所有高压线束均为橙色,动力蓄电池和其他高压零部件上都带有高压警告标签,如图 21-1 所示,不要随意碰触这些线束和零部件。

图 21-1 高压线束和高压警告标签

2) 高压电路的线束或插接器有故障时,不要尝试维修线束或插接器,应更换损坏或有故障的高压线束或插接器。

3) 在检查或维修高压系统之前,务必遵守所有安全措施,如戴好绝缘手套和拆下维修开关以防止电击。将拆下的维修开关把手装在自己的口袋里,以防止他人将其意外重新连接。

4) 维修车辆时,不要携带自动铅笔或刻度尺等金属物品,以免这些物品意外掉落导致电路短路。

5) 在接触裸露的高压端子之前,要戴好绝缘手套并用检测仪确定该端子的电压为0V。

6) 断开或暴露高压插接器或端子之后,要立即使用绝缘胶带将其绝缘。

7) 应将高压端子的螺栓和螺母紧固至规定力矩。若力矩不足或过大,均可能导致故障。

8）使用"警告：高压请勿碰触"的标牌告知他人正在检查或维修高压系统。

9）在维修高压系统之后和重新安装维修开关之前，再次检查并确认没有任何零件或工具遗留在系统内、已固定好高压端子并正确连接了插接器。

10）执行高压电路工作时，使用缠绕乙烯绝缘带的工具或绝缘工具。

11）安装混合动力系统零部件（如动力蓄电池）时，确保连接的所有极性正确。

(3) 切断高压电路的流程　在检查或维修高压系统时，务必要先切断高压电路，并严格遵循以下操作流程。

1）将变速杆切换至 P 位，使用驻车制动，将电源开关置于 OFF 位置，并将钥匙自行收好，移离智能系统探测范围。

注意：如果不能将电源开关置于 OFF 位置时，需从发动机舱 1 号继电器盒和 1 号接线盒总成上拆下 IG2 熔丝，然后确认 READY 灯不亮。

2）断开辅助蓄电池负极端子，如图 21-4 所示，断开并重新连接电缆后，某些系统需要初始化。

3）检查和佩戴绝缘手套。在使用绝缘手套前，确认绝缘手套有无裂纹、磨损以及其他损伤。

4）检查诊断故障码（Diagnostic Trouble Code，DTC）。拆卸或安装动力蓄电池前，需要确认未输出 POAA6（动力蓄电池电压系统绝缘故障）故障码。如果输出该 DTC，为防止电击，务必对该 DTC 进行故障排除，再进行其他操作。GTS 是一款丰田专用的诊断仪，如图 21-2 所示，调取故障码需要使用此仪器。

5）拆卸维修开关把手，并将其保存在自己口袋中，如图 21-3 所示。

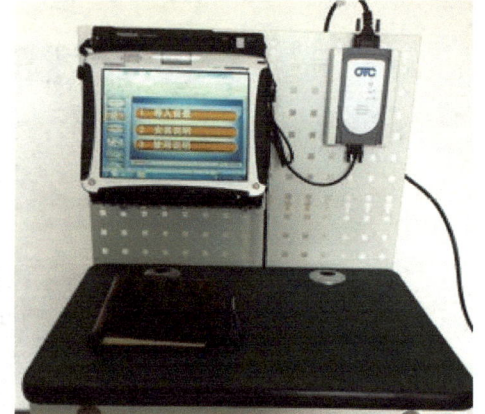

图 21-2　丰田诊断仪 GTS

注意：

① 维修开关安装的情况下，不要检查或维修高压系统。

② 为防止电击，维修车辆前确保拆下维修开关以切断高压电路。

③ 拆下维修开关后，不要将电源开关置于 ON 位置，因为这样可能会导致故障。

6）拆除维修开关后，等待 10min 或更长时间以便让高压电容放电，如图 21-4 所示。

注意：切断高压电路后，带转换器的逆变器总成内的高压电容器仍然存在电荷。所以维修混合动力电动汽车时，拆卸维修开关之后，至少需等待 10min 再开始工作，以使电容器放电。

7）测量逆变器端子电压。从带转换器的逆变器总成上拆下插接器盖总成，使用电压表测量逆变器端子电压，以便确认高压电容端子电压为 0V，此时使用电压表选择的量程需要达到 750V 或更大，测量方法如图 21-5 所示。

8）用绝缘乙烯胶带包裹被断开的高压电路插接器。

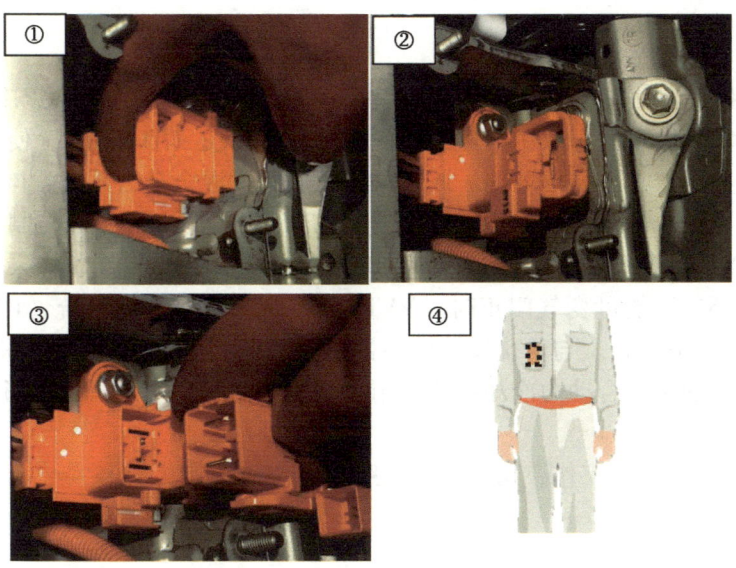

图 21-3　拆卸维修开关步骤

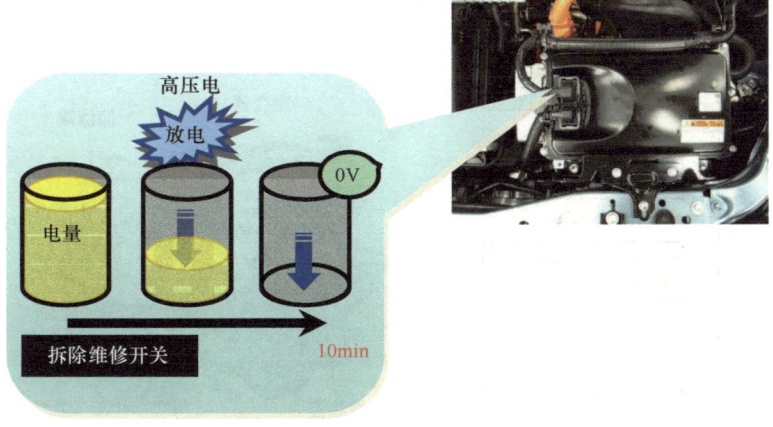

图 21-4　高压电容放电

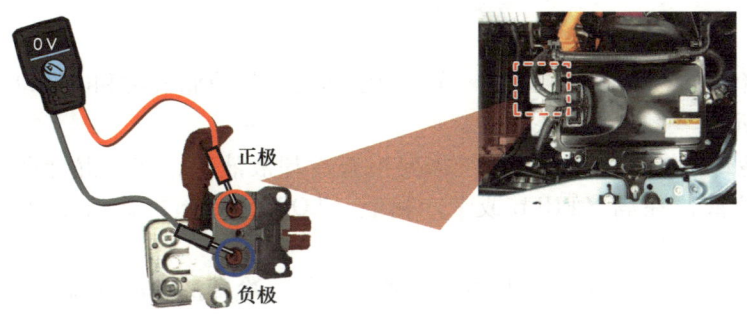

图 21-5　测量逆变器端子电压

五、任务实施

对丰田卡罗拉混合动力电动汽车进行发动机 10000km 定期维护作业（以冷却系统为例）。

卡罗拉混合动力电动汽车采用丰田第二代混合动力系统（THS-Ⅱ），使用了发动机和动力蓄电池 2 种动力源，具有高压电路。该车采用了混联式混合动力系统，该系统对发动机和混合驱动桥总成内的 1 号电机（MG1）和 2 号电机（MG2）进行协同控制。其中，发动机采用的是 8ZR-FXE 发动机，是直列 4 缸、1.8L、16 气门 DOHC 发动机，采用传统的高膨胀比的阿特金森循环、智能可变气门正时（VVT-i）系统、直接点火系统（DIS）和智能电子节气门控制系统（ETCS-i）。与传统发动机不同的是该发动机的冷却系统采用了电动水泵，取消了带传动，增加了混合动力冷却系统，用来对逆变器、MG1 和 MG2 进行冷却。

1. 检查与维护前准备工作

1）做好高压安全防护工作，切断高压电路。

2）准备汽车维护工具。

2. 检查与维护冷却系统

整车冷却系统分为发动机冷却系统和混合动力冷却系统两部分。

混合动力冷却系统用来冷却逆变器、MG1 和 MG2，有专用的散热器独立于发动机冷却系统，其组成和传递路线如图 21-6 所示。

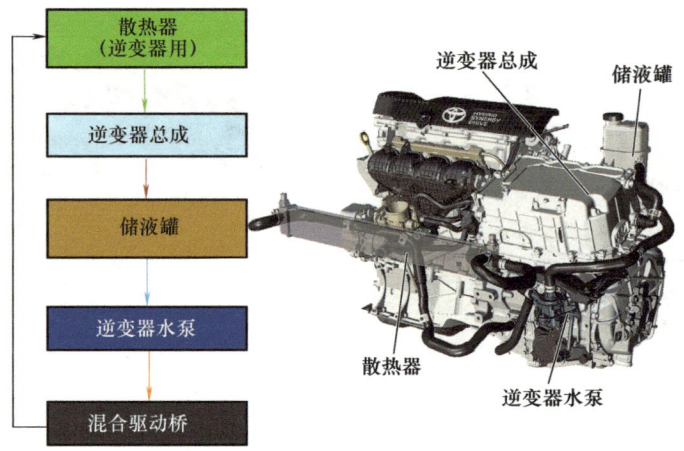

图 21-6　混合动力冷却系统的组成和传递路线

冷却液的储液罐在整车中有两个，分别为发动机冷却液储液罐和电驱动系统冷却液储液罐，如图 21-7 所示。

(1) 检查冷却系统　检查冷却系统需要检查冷却液液位，如果混合动力系统冷机时储液罐中的冷却液液位在满（FULL 或 F）和低（LOW 或 L）标志线之间，则冷却液液位正常。

检查冷却系统附件。需要目视检查散热器、软管、冷却液储液罐盖、放水开关和水泵有无泄漏、裂纹、松脱、腐烂、扭结等现象，清除异物。

(2) 更换发动机冷却液　发动机冷却液最初行驶 160000km 更换 1 次，之后每行驶 80000km 更换 1 次，其更换方法如下：

项目八　新能源汽车发动机系统认知

图 21-7　发动机冷却液储液罐和电驱动系统冷却液储液罐

1）打开储液罐盖。
2）拆卸散热器排放塞，排放冷却液。
3）拧紧散热器的排放塞。
4）添加冷却液至储液罐上的 FULL 线。
5）用手挤压散热器进水管和排水管数次，然后检查冷却液液位。如果液位低，则添加冷却液。
6）使用丰田诊断仪 CTS 将发动机控制模块从正常模式切换到主检查模式。
7）安装储液罐盖。
8）暖机。
9）当节温器打开时，允许冷却液循环几分钟。
10）用手挤压散热器进水管和排水管几次，释放系统中的空气。
11）在发动机冷却后，检查冷却液液位是否在 FULL 和 LOW 之间。

（3）更换电驱动系统冷却液　更换电驱动系统冷却液，最初行驶 240000km 更换 1 次，之后每行驶 80000km 更换 1 次。排放电驱动系统冷却液，需拆卸电驱动系统冷却液排放塞，其位置如图 21-8 所示。

图 21-8　电驱动系统冷却液排放塞

添加冷却液方法如下：

163

1）加入冷却液至储液罐上线。
2）用水泵测试仪操作水泵。
3）加注冷却液，保持液位在储液罐的上线。每操作 10min，停 1min。
4）重复步骤 3）的操作直至空气排空完成。

六、注意事项

1）切断高压电路后，带变换器的逆变器总成内的高压电容器仍然存在电荷，所以维修混合动力电动汽车时，拆卸维修开关之后，至少需等待 10min 再开始工作，以使电容器放电。

2）混合动力系统很热时，不要拆下冷却液储液罐盖。因为此时冷却系统内部可能存在压力，如果拆下冷却液储液罐盖则可能喷出滚烫的冷却液，导致烫伤等严重伤害。

3）当水泵工作声音降低或者储液罐中没有气泡出现时，即空气排空完成。不要重新使用排出的冷却液，因为可能有杂质。

七、学习评价

	自我反思	自我评价	存在问题及解决方案
自我反思与自我评价	是否掌握了混合动力电动汽车的分类	是□ 否□	
	是否愿意接受其他成员的建议	是□ 否□	
	是否通过该学习任务获得了经验	是□ 否□	
	是否希望继续和组内成员合作完成其他任务	是□ 否□	
	评价项目	评价等级	存在问题和解决方案
小组评价	参与度	☆☆☆☆☆	
	完成度	☆☆☆☆☆	
	贡献度	☆☆☆☆☆	
	发言量	☆☆☆☆☆	
	沟通交流	☆☆☆☆☆	
	优点	不足	存在问题和解决方案
教师评价			

八、任务评分

项目	评分标准	分值	得分
接受任务	明确工作任务，理解任务在企业工作中的重要程度	5	
收集信息	完整、准确地收集信息资料	5	
制订计划	按照工作规范及要求，制订合适的行动计划	5	
	能协同小组人员安排任务分工	5	
	能在计划实施前准备好需要的工具和器材	5	

（续）

项目	评分标准	分值	得分
计划实施	遵守安全操作规程，正确使用工具、量具，操作现场整洁	5	
	安全防护、劳动防护	5	
	说出 3 种混合动力电动汽车的特点及优缺点	10	
	说出检查和维修高压电路的注意事项	15	
	说出混合动力电动汽车 10000km 维护作业项目：以冷却系统为例	20	
质量检查	操作过程规范，操作结束后能对现场进行整理	10	
评价反馈	能对自身表现情况进行客观评价	5	
	能在任务实施过程中发现自身存在的问题	5	
	合计	100	

【拓展课堂】中国造车新势力三剑客——蔚来、理想、小鹏汽车

随着新能源汽车、智能网联汽车的发展，中国造车新势力开始兴起。以新能源汽车为特色，出现了中国造车新势力三剑客——蔚来、理想汽车和小鹏汽车；以智能网联汽车为特色，中国民族科技企业华为和互联网巨头百度、阿里、腾讯已成为智能网联汽车造车新势力。

蔚来汽车成立于 2014 年，总部位于上海，以高端智能电动汽车为核心，主打换电技术和用户服务，代表车型有 ES8、ET7 等，对标特斯拉，致力于打造高端品牌形象和用户体验。小鹏汽车成立于 2014 年，总部位于广州，以科技感和智能化著称，自主研发的 XPILOT 自动驾驶系统和智能座舱是其核心竞争力，代表车型包括 P7 和 G9，主打年轻化市场和高性价比。理想汽车成立于 2015 年，总部位于北京，专注于增程式电动汽车，解决续驶里程焦虑，代表车型有理想 ONE 和理想 L9，主要面向家庭用户，注重实用性和大空间设计。

这三家企业各有特色，蔚来以高端服务和换电技术见长，小鹏在智能驾驶和科技感上表现突出，理想则凭借增程技术和家庭用户定位赢得市场。它们共同推动了中国新能源汽车行业的发展，并在智能化、电动化和用户体验等领域展开激烈竞争。蔚来、小鹏和理想不仅在国内市场占据重要地位，还通过上市融资和技术创新，逐步向全球市场拓展，成为中国新能源汽车行业的标杆企业。

参 考 文 献

[1] 鲁民巧. 汽车构造［M］. 北京：高等教育出版社，2008.
[2] 黄文伟，贺萍. 汽车维修实训［M］. 北京：清华大学出版社，2003.
[3] 郭新华. 汽车构造［M］. 北京：高等教育出版社，2004.
[4] 沈云鹤. 汽车发动机构造与维修［M］. 北京：高等教育出版社，2005.
[5] 崔振民. 汽车发动机维修实训［M］. 北京：人民交通出版社，2003.
[6] 郑劲，石允国. 汽车维修实训［M］. 北京：中国石化出版社，2007.
[7] 刘建忠，刘晓萌. 汽车发动机构造与检修：理实一体化教程［M］. 成都：西南财经大学出版社，2017.
[8] 石锦芸. 汽车电器设备原理与检修［M］. 杭州：浙江大学出版社，2006.
[9] 邰敬明，王维先. 汽车发动机构造与维修［M］. 北京：机械工业出版社，2017.
[10] 刘冬生，郭奇峰，韩松畴. 汽车发动机电控系统检修［M］. 2版. 北京：机械工业出版社，2022.
[11] 牟东海，曹志坡. 汽车底盘机械系统检修［M］. 成都：电子科技大学出版社，2022.
[12] 景平利，罗雪虎，高磊. 走进新能源汽车［M］. 北京：机械工业出版社，2016.
[13] 宫英伟，张北北. 混合动力电动汽车结构原理与检修［M］. 北京：机械工业出版社，2018.